朱天衣的作文課 2

朱天衣◎著

目錄

前言

從開始陪伴孩子寫作，成為所謂的「作文老師」，到今天已是第二十個年頭了，不細數，真的感覺不到二十年就這麼過去了，也許就因為始終是和孩子為伴，歲月格外匆匆。

即使已為人「師」七千多個日子，「教」過兩千多位學生，但至今聽到別人稱我「朱老師」，卻仍有臉紅的羞赧，因為自始至終我都不覺得自己稱得上是一位傳道、授業、解惑的「師」者，這麼多年來，我自許只是個陪伴、分享孩子成長的大朋友，若說在寫作上對孩子們有甚麼助益，我也只願意把自己定位是個引導者，而不是教導者。

會這麼說，絕對不是謙詞，因為我始終以為寫作這件事應該是人的本能，只要識字、只要願意，任何人都可以像呼吸說話一般的寫出屬於自己的想法，只要我們別把寫作賦予太多的名目或意義，寫作其實可以是很自然、很愉悅的。

也因此，我發現自己在和孩子相處的過程中，花費最大心力之處，不是在教授寫作技巧，而是努力的在「除魅」，也就是幫孩子袪除一些不必要的障

礙，包括心理層面的恐懼、厭惡，也包含外在對寫作這件事的任何束縛，當我看到孩子們從抗拒到願意且歡喜寫作時，便是最大的報償。

寫作是很生活的，也是很貼近心靈的，能在孩子的成長中陪伴他們一段，並分享他們的心靈活動，真的是很快樂的事。但我仍不滿足，我常嘆息自己無法像學校的老師或孩子的父母，可以擁有更穩定、更長久的關係陪伴他們長大，但我同時也知道自己該知足了，因為絕大多數的父母已給我超出想像的信賴及時間，讓我能放手和孩子一起翱翔在寫作的天地間。

如今，我會很希望與孩子在寫作互動中所獲得的喜樂，和所有的父母分享，只要願意，任何人都可以扮演如我般的陪伴者、分享者角色，只要多給孩子一點空間，多為他們空出一點自己的時間，在寫作的天地裡，你和孩子都會有意想不到的收穫。

這套有聲書包含了為孩子準備的兩張CD及一本「我的生活筆記」、一本「朱天衣的私房書單」，另外還附加了這一本為父母預備的說明，在「給父母的話」中，所提到關於寫作的問題，多半是平日演講或上課時，最多父母關心提問的，所以我便直接以問答方式處理；至於「給父母的小叮嚀」則是擔心孩子在聽過CD後仍覺得下筆困難時，父母可從旁助一臂之力的小撇步，當然若孩子完全無此需要，那這所謂的「叮嚀」就可備而不用了。

至於要如何使用孩子這部分的教材呢？我的建議是，一個星期消化一個單

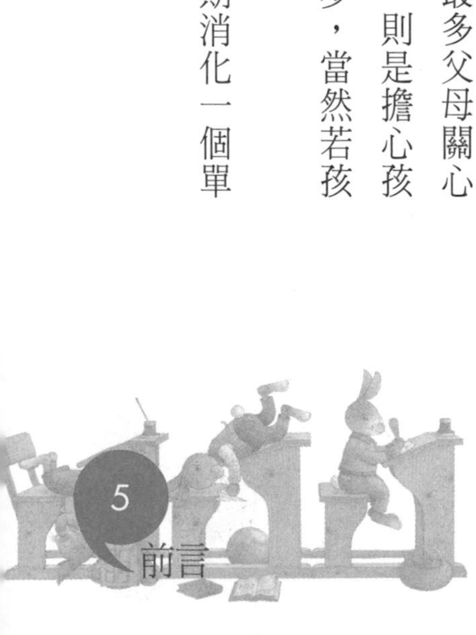

元，當然這可視孩子課業壓力隨時做調整，此外，當孩子真的要藉由CD中的引導進入寫作時，請先安排他坐在桌前就定位，準備好稿紙及鉛筆、橡皮擦，當他一聽完一個單元時即刻就動筆，那應該是最適合下筆的時刻，若孩子的專注力夠、學習能力也強，當然可以不必受此束縛，但透過CD和直接在課堂上引導畢竟有所不同，因此這樣的要求孩子是不得不的舉措。

當孩子真正進入寫作狀態後，便盡量別中斷，期間有不會的字可先以注音代替，等全篇文章完成後再教他或查字典補上國字即可。較稚齡的孩子在初學階段，或可以陪伴他一起完成這件事，但記得呦！只是陪伴，而不是指導，做父母的可以在一旁閱讀自己的書，或書寫自己的文字，別讓孩子有受到監督的壓力，讓他覺得這是一段親子共享的寧靜時光。

現今坊間有太多為因應國中基測而出版的各式作文教材，選在這樣的時刻出這套有聲書，其實心底是有些急切的，我真的希望提供給孩子一個不一樣的選擇，讓他在寫作的路途中，走得更自在、更快樂也更順暢，我始終相信愉悅絕對是孩子學習的最大動力，它不僅是學習的前提，更是必要條件，如果我們能經由快樂達到同一個目標，那何樂而不為呢？

給父母的話

孩子甚麼時候開始寫作最合適？

寫作是自我表現很自然的一種方式，簡單來說，會說話就應該可以提筆書寫，而文字只是工具，如果孩子已會使用注音符號或簡單的國字，應該就可以開始寫作。甚至，在識字前亦可讓孩子口述，而由父母記錄成文字，再覆誦給孩子聽，這會是很有趣的經驗。但前提是，整個過程要以遊戲好玩的心情進行，切莫勉強或給孩子壓力。

如果是要送孩子去坊間學作文，則以三年級開始會比較合適，因為這樣年齡的孩子已習慣於團體學習，且表達能力較成熟，所認識的字辭也大致夠基本寫作所需，學習過程較不容易產生挫折感。

對寫作幫助最大的是甚麼呢？

我以為除了閱讀，還是閱讀。

閱讀除了可以豐富寫作的內涵，對寫作技巧的幫助更是毋庸置疑。但我所指的閱讀，不是範文，也不只是所謂的優良讀物，而是廣泛的閱讀、大量的閱讀，範文容易侷限孩子的想像空間，尤其模仿力強、較稚齡的孩子，很可能因為常參讀範文，寫作變得制式化，未來難以超脫這框架。

其實閱讀對孩子的幫助不只於寫作，它可以增加孩子的思考能力、學習能力，受益的不僅是文科，對數理的幫助也出奇的大，在我教過的數千個學生中，只要擁有閱讀習慣的孩子，不只寫作能力好，在課業方面各科表現都十分優異，幾乎無一例外，閱讀真的可以使學習達到事半功倍的效果。

近年來，各國在評比孩子未來是否具備競爭能力時，閱讀能力的考察便占了極大的比重，因為這些先進國家相信，一個擁有閱讀習慣的孩子，具備了終生學習的能力。因此，為了增強孩子的寫作、學習能力，閱讀習慣的養成絕對有其必要。

如何培養孩子的閱讀習慣呢？

孩子的閱讀最早可以從床邊故事開始，每晚讓孩子自己挑選一冊繪本共享親子閱讀，絕對會比放一片CD聽故事，更容易讓孩子進入閱讀的世界。

孩子大了，能識得注音符號及一些字時，便可親子共讀，甚至可以請他們

讀給我們聽；當孩子已能獨自並且享受閱讀時，就盡量別打斷他們，至少讓他們能持續沉浸在書海中一段時間，若擔心視力問題，是可以提醒他們中間稍作休息。

較大的孩子若還未有閱讀習慣，那麼每天試著關掉電視、電腦半小時、一小時，陪他靜坐在桌前一起閱讀，你看你的書、他看他的書，一開始父母或許必須忍受他頻繁的換書，或「一目十行」的快速閱讀，一天兩天、一週兩週下來，他便能慢慢進入狀況，靜下心看完手中的書了，這期間別去考察他看了多少，瞭解了多少，除非他主動想討論、分享，不然父母就僅僅作一個伴讀者就可以了。

在現今的環境裡，閱讀習慣絕對是需要培養的，因為有太多更容易、更好玩的事物隨時可取而代之，像電視、電玩、漫畫、網路遊戲等，閱讀較之於它們真的是需要花更多的腦力、精神才能進行的，以人們好逸惡勞的天性來說，閱讀真的很容易就會變成劣幣逐良幣的犧牲者，所以閱讀習慣的養成，真的需要加倍的耐心與恆心。

之所以不把漫畫當作是閱讀的一部分，是因為它以圖像取勝，若孩子在閱讀習慣尚未養成前，即沉迷於漫畫，那麼他將視文字多過圖像的書籍為畏途，這是很可惜的事，所以我建議在孩子還未享受到以文字為主的閱讀樂趣前，對漫畫的攝取還是要做控管。

需要為孩子們選書嗎？

當孩子願意主動閱讀時，選書的動作，我以為還是盡量交給孩子們掌控，別太擔心他們的閱讀胃口過偏，尤其在剛開始時，盡量讓他們選擇自己感興趣的類書入門，「主動」絕對是學習動力的來源，但基於環保及經濟考量，父母親真的可以充分利用圖書館及書店，尤其現在許多的書店都設有閱讀區，讓人能長時間且舒適的閱讀，若真遇到值得反覆閱讀的書籍再購買也不遲，借書、交換書也都是很好的選讀方式，如此日積月累，不僅能增加閱讀的量，更可以開展孩子的閱讀視野。

閱讀後需要強制孩子寫讀書心得嗎？或檢驗他是否真讀懂了書籍內容？

在問這問題時，也許我們大人應該先將心比心，如果當我們每看完一本書都需要寫報告的話，我相信沒有一個大人會想閱讀的，而且一本書所影響、所給予的，有時並不是在當下，它也許要經過一段時間發酵，短則幾天，長則數年、數十年，甚至有可能是一輩子，所以何苦在孩子們剛進食時便做催吐的動作呢？這只會讓他們對閱讀這件事反胃而已。

而且同樣一本書，常會因為閱讀時的年齡不同，所得亦不同，像中國的章回小說或西方古典名著，孩時感興趣的和成人所關注的重點就不可能相同，隨著年歲漸長，反覆閱讀後，所得自然增加甚或有所改變，所以驗收成果何必急於一時呢？

所以，我以為閱讀習慣的培養和閱讀心得的書寫是分開來的兩件事，千萬別讓心得報告干擾了閱讀的樂趣；其實書寫心得報告也沒那麼困難，只要套上公式、寫出一篇制式的報告，對高年級以上的孩子應該都不是問題，但是我真的想建議學校的老師們，別急著在孩子組織、邏輯觀念還不是那麼成熟時，便給予孩子這樣的課程，這只會事倍功半或適得其反。

如何培養寫作的樂趣？

如果我說上作文課是一件痛苦的事，相信包括大人、小孩都不會反對，在成長過程中，鮮少有人能在作文課中真正享受書寫的樂趣，為甚麼呢？也許是我們給予寫作太多的名目，比賽、考試、分數，當要下筆時，第一個想到的是大人會怎麼看待？閱卷老師會怎麼評比？這和躲在房間裡寫私密日記、寫情書的心情完全不同，如果寫作僅只是一種記錄、一種抒發、一種分享，那麼它應該不會讓我們如此怯步呀！

如果寫作只是表達自我的一種方式，它就像呼吸、說話一樣自然，那麼孩子們就不會將它視為畏途了，所以在孩子初學寫作時，我們要告訴他們寫作就像說話一樣，而且要鼓勵孩子們用他們的語言，寫出自己的心情、自己的想法，而不是要他們裝大人模樣、說大人的話語。

越是稚齡的孩子越是要鼓勵他想到甚麼就寫甚麼，也許一開始，他們會說很多而且說不清楚，沒關係，讓他們繼續說、繼續寫，這時千萬別嫌他們囉嗦、教他們精簡，以我們所謂的標準文章格式要求他們，該如何破題、如何敘述、如何結語，那麼孩子將會困頓其中，難以提筆。

面對孩子的寫作千萬別心急，只要孩子願意寫、不斷的寫，就算小學六年仍寫不出個所謂「標準完美」的文章又如何呢？當他們持續書寫至青春期，思考邏輯能力突飛猛進時，不待你提醒，他們自會去蕪存菁的寫出一篇篇簡潔達意的文章來，對父母、老師而言，這絕對不是卸責，為了要呵護那小小寫作欲望的火苗，而不強加干涉，這是作為旁觀者的我們最難做到、也必須要隱忍的。

如何引導初學或稚齡的孩子進入寫作？

時常有父母反應，孩子的作文是他們把著手一句一句唸出來才完成的，若

不如此，孩子可能坐在書桌前幾個小時卻一個字也寫不出來。

前面我們說過，寫作應該是人的本能，像呼吸一樣自然，所以當孩子遲遲無法下筆時，在他心中存在的最大障礙就是寫文章是一件困難且遙遠的事，這時我們就要強調書寫和說話是一樣的，以及引導他在生活中找相關的經驗，讓他覺得寫作是一件沒甚麼大不了的事；當他真的出手下筆了，那麼不管他寫得多麼幼稚，或多麼需要改進，請先給予他讚美與鼓勵，讓他有信心的寫下去。

把著手教孩子寫文章，不是絕對的不可以，只是過程中仍要不時的放手讓孩子自己思索，當文章完成後，帶著他回頭欣賞這篇作品時，可以特別誇獎屬於他貢獻的辭句或想法，讓他在一次又一次的親子書寫中培養自信，而不是依賴。

我還是想強調，父母師長的鼓勵，對孩子的學習絕對有意想不到的正面助益，當我們抱著喜悅分享的心情參與孩子的寫作時，那會是孩子願意繼續學習的最大動力，所以千萬別吝於給孩子掌聲與讚美。

如何教初學的孩子分段及打標點符號？

這兩個問題確實會造成初學寫作孩子的困擾。我的經驗是教孩子分段可從題材著手，選擇類似「快樂」、「傷心」、「美食」、「臉紅的時候」這樣的

題材，讓孩子從生活經驗中找出三、四件事來描述，一段敘述一件事，這樣孩子很快就能抓住分段的竅門了。

至於標點符號，我的方法則是告訴孩子，我們說話時不可能一口氣從頭說到尾，我們平時說話的習慣是說一句話，便會換一口氣，這換氣的地方就可以打逗點，至於整件事說完的時候，那就可以打句號啦！接著再慢慢地教他們驚歎號、問號以及頓號的使用，至於說話時會用到的冒號、引號，再加上私名號、書名號差不多就夠用了。

記得！這些基本的符號是一步一步慢慢來的，最開始讓孩子能掌握逗號、句號就可以了，其他的就等實際遇到需要用到的時候再教，多使用幾次孩子就會記得了。

寫作需要文法的加持嗎？

曾經有一位家長很自豪的告訴我，她那才低年級的孩子已開始深入學習文法，藉以打好未來寫作基礎。老實說，我聽了十分的生氣，文法不是不能學習，只是請把它和寫作分成兩件事。

對以母語寫作的任何人來說，均已具備了基礎的文法，除非要挑戰更精準的書寫題材，類似古詩辭、文言文，或專業的研究報告，才需在文法上多所

講究，一般的寫作若時時以文法為前提，結果必然是寸步難行，成年人尚且如此，更何況是稚齡且初提筆的孩子。

文法的學習是可以增強語文程度，提高在校的國文成績，但我都不以為該在孩子邏輯觀念尚未成熟前，便給予過於艱深的文法，與其用死記、考試的方式要孩子接受，不如仍是藉由閱讀從根本提升孩子的語文程度來得更紮實。

唉！在這裡，我真的很想呼籲一下聯考、基測及在校的出題老師們，是不是可以不再用文體及書寫手法的分類來困擾孩子了，就算分得出甚麼是抒情文、說明文，以及甚麼是誇飾法、比擬法……，這對閱讀、書寫有何幫助呢？這樣的所謂語文程度要來何用？

寫作真的需要靈感的幫助嗎？

在書寫的過程中，有時確實會靈光乍現，思緒如脫韁野馬般奔騰不已，但我以為這所謂的靈感，絕對不是天上莫名其妙掉下來的禮物，而是平時藉由感官接收、長時間累積下來的資本，在思維觸碰到某個範圍時，相關的資訊便蹦跳出來為你所用，若平時對周遭環境、時令變遷、人情世故均無感，那麼就算枯等鎮日，靈感也不會從天而降的。

所以平時便可鼓勵孩子多聽、多看，多多去感受這個多彩多姿的世界，包

括季節的遞換、大自然山川風雨的變幻，以及觀察人與物的特色，當然別把它當成功課，而是由我們帶著他們去感受、去體會，把它當成是遊戲般化入生活中，讓觀察變成一種習慣，讓感官變得更為靈敏。當一個孩子具有靈敏的感官及觀察力時，對寫作絕對有加分作用。

關於靈感還有一個十分有趣的現象，那就是只要進入書寫狀態，所謂的靈感便如泉湧般源源不絕，所以當孩子在下筆前若是處於發呆狀況，那麼我們應該盡量鼓勵或引導他先動筆，等他進入寫作後，便盡可能的別打斷他，即使遇到不會寫的國字，也告訴他寫注音無妨，等最後文章完成時，再詢問或查字典補上國字即可。

如何看待孩子的作品？

當我們捧著孩子的文章時，請以分享的心情代替要求與苛責。

孩子的每一篇作品都是他們的成長記錄，寫作不是一蹴可及的，所以我們不要奢求孩子揮筆即可完成一篇成熟完美的文章。段落不明、錯字連篇，甚或言之無物，這樣的文章常讓父母心急不已，我以為即便如此，仍要多給孩子一些空間與時間，也就是說要多容忍一些他們的錯，寫作和寫功課是不一樣的，當孩子天馬行空翱翔在書寫的世界時，下筆時所發生的謬誤絕對不能和寫千篇

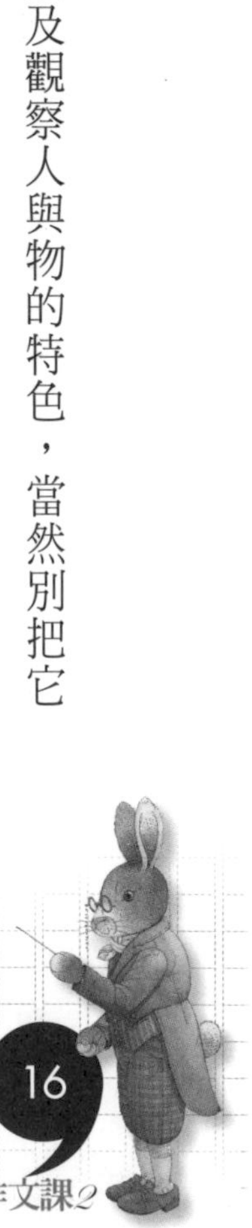

一律的功課相提並論的，若我們只就表面形式、文字指正他，怯弱一些的孩子可能會自信盡失，就算神經較粗大的孩子，可能也會因此失去寫作的樂趣。其實只要鼓勵孩子養成寫好文章後檢查的好習慣，就可以避免許多因大意而產生的疏漏。

我仍想強調，在看孩子的文章時，盡量以分享代替要求，以鼓勵多過指正，讓自己成為孩子學習寫作的陪伴者，且作一個懂得隱忍、有耐心的讀者，只要孩子願意寫、樂於寫，父母所擔心的那些容易發生的錯誤，都會隨著他們心智成長且熟能生巧的狀況下迎刃而解。

1. 我的心愛寶貝

這個單元讓我們來談談自己的心愛寶貝好嗎？每個人都有屬於自己的心愛寶貝，它可能是一個物品，也可能是一位親人，還可能是一隻同伴動物，親人或同伴動物以後我們有很多機會可以討論書寫，今天我們就把目標先鎖定在物品上面好嗎？

每個人身邊都會珍藏一些特別的東西，它可能是收集品，比如像是郵票、遊戲王卡、鬥片、貼紙、橡皮擦或某些文具用品，一段時間流行甚麼，就會看到大家書包裡、口袋裡裝的都是這些東西，時不時還會拿出來玩一玩，或向別人炫耀、交換甚麼的。像我小時候，有一陣子就很迷玻璃彈珠，收集了一整個奶粉罐，我倒不怎麼愛打彈珠，我喜歡的是那透明琉璃的珠珠，每一顆的顏色都不一樣，裡面的花樣也不同，迎著光看，特別的晶瑩剔透，每一顆都是我的寶貝、每一顆都漂亮極了，直到今天，當我再看到柑仔店裡陳列的彈珠，仍會好衝動的想把它們都買下來。

小時候我們還會收集一樣東西，那就是橡皮筋，我們那個年代沒有甚麼髮圈髮帶的，女孩子綁頭髮完全要靠橡皮筋，除此之外，橡皮筋還可以K人、玩遊戲，把橡皮筋串在一起，變成長長一條很有彈性的繩子，便可以來玩女生最喜歡的跳橡皮筋，朱老師在當時可是箇中高手，再高難度的花樣，我都能過關斬將，所以說，橡皮筋不僅有它的實用價值，在玩耍時更少不了它，也因此那段時間，每個小孩手臂上都掛著一圈又一圈的橡皮筋，有的人

甚至掛了數百圈的都有，當然掛著它是為了讓人羨慕嫉妒的呀！

相較之下，我大姐的收藏品就比我秀氣斯文許多，她收集的是郵票，從信封上剪下來的郵票，要先泡過水，讓郵票和信封先行剝離，接著還要把浸濕的郵票貼在盥洗鏡子上晾乾，最後才放進集郵冊中保存，這整個過程要十分小心，不能讓郵票受一點損傷，連缺一個角都不可以，這樣細膩的工夫我當然做不來，所以只能撿一些比較粗陋的童玩收集。現在每當我看到學生在下課時，從口袋中掏出一把一把的鬥片在那兒把玩時，童年時所有關於彈珠、橡皮筋的記憶全都回到眼前來了。

至於像牙齒、小衣物、照片等等，則代表了成長的記錄，也很值得珍藏，像我母親的寶貝盒裡便有一個像試管大小的透明容器，

裡面便裝著我們姐妹三人嬰兒時期剪下來的指甲，細細的、一牙一牙的，小時候無聊，便很喜歡把它翻出來把玩，盒子的一角還珍藏了我們姐妹三人的臍帶，用紗布和紙包著，有些詭異，因為很難想像那東西曾經屬於自己身體的一部分。後來我當了媽媽，便也想如法炮製的為女兒收藏這些體己的物件，沒想到她洗澡臍帶脫落時，我正忙著為她擦身子、穿衣服，等忙完要來處理臍帶時，才發現已被她爸爸當廢棄物收拾且給垃圾車載走了，真是令人懊惱不已，所以說，有些東西即使你視為寶貝，也不見得能為你所珍藏呀！

除此之外，其他一些小玩意兒，也可能是我們心愛不已的寶貝，比如從海灘帶回來的貝殼，從林間拾到的松果、樹葉，從溪邊揀選回家的石頭都有人收藏；會保存它們，也許是因為它們特殊的外觀、美麗的造型，但也有可能是因為它記錄了一次愉悅的旅程、一段美好的情誼，這些都是很值得珍藏的寶貝；像我的女兒剛進小學時，就發現他們學校老式的操場上，滿是黝黑發亮的煤渣渣，第一次她拿給我鑑賞時，我告訴她這東西其實和鑽石的成分一樣，若在地底下多待些時候，是有可能變成鑽石的呦！沒想到之後每次放學去接她時，她的小手裡總會緊緊攢著幾顆特別黑亮的小煤渣，好慎重的要我幫她保管好，所以她的寶貝盒裡從此便多了一堆黑不溜秋的煤渣渣啦！

而她的表姐對大自然中的一草一木更是衷情，一片葉子、一根樹枝在她

眼底都有不同的詮釋，她還小時，有一次和媽咪到木柵動物園散步，才入園沒多久，便在草叢裡撿到兩蓬樹枝，那樹枝完全和公鹿頭頂上的犄角一樣俊美，於是她便將那對鹿角頂在頭上再也不肯放下來了，吃飯、喝水、上廁所時，她的媽咪怕她累了，問她要不要休息會兒，她也笑著搖搖頭，很努力的繼續把那對大角扛在頭上，直到最後逛完了整個動物園要搭公車回家時，體力不支的她才好慎重的將那對鹿角交給媽咪保管，隨即昏昏睡去，她從小便是個巨嬰，長到幼稚園個子也永遠是班上最大的，她那身材嬌小的媽咪，又要抱她、又要扛著那對鹿角，實在是力有未逮，只好忍痛將那對枯樹枝給留在路邊了，後來坐上公車搖呀搖的，把她給搖醒

了，眼睛張開第一件事便問：「鹿角呢？」她看媽咪嗯嗯啊啊說不出話來，便知道自己那對寶貝鹿角沒能跟上車，當場嚎啕起來，哭聲震撼整個車廂，她的媽咪面對乘客的關切，真是尷尬極了，她好難解釋這驚天動地的哭泣只是為了兩根枯樹枝。

所以在別人眼中一文不值或毫不起眼的東西，卻可能是我們心目中的無價之寶，它可能是一雙破舊又嫌小的運動鞋，媽咪早想把它丟了，可是它卻為你帶來幸運，因為只要穿上它跑步就特別快，運動比賽時總能名列前茅；又或者它是支幸運筆，只要有它出馬，所有考試都無往不利；也有可能它是一個禮物，是一位你所喜歡的人送的禮物，如果這位人士已不在身邊，那這份禮物就更有它的價值了，在我小學階段，父親送過我的生日禮物印象最深刻的有磁鐵象棋、蝴蝶結髮飾，還有一個醜娃娃，為甚麼說它是醜娃娃呢？因為它長得粗粗短短的，皮膚是棕色的，臉上還有些雀斑，連頭髮都是短短捲捲的完全不能變花樣，和平常所看到的洋娃娃真的有很大的差距，但我還是很愛它，每天抱著它睡，直到它衣服舊了破了，鞋襪也不知飛到哪去了，連捲捲的頭髮也給我梳成個爆炸頭，但我還是抱著它睡到國小畢業、搬家時才丟失了；至於那蝴蝶結髮飾，則一直保存到現在，每當我打開抽屜看到它時，我都會想像年輕的父親，是如何走進一個他並不熟悉的店鋪，為他的小女兒挑選了一個值得珍藏一生的禮物，我真的好想好想我的父親。

今天，我們可以挑選出兩三樣自己的心愛寶貝來介紹給大家，除了介紹它的模樣、它的來處，還可以介紹它背後的故事，或是一段不為人知的感情，既然你是如此心愛它、寶貝它，那就把它書寫出來，讓它成為你永恆的記憶吧！

給·父·母·的·小·叮·嚀

孩子們通常都有喜新厭舊的習性，但是在他們的成長過程中，或多或少仍會保存一些不太起眼的東西，這常會造成媽媽收拾整理時的負擔，但我們換個角度來看，若孩子真的將這些大人眼中不怎麼樣的物品視作瑰寶，那我們真該覺得慶幸，畢竟這表示他是一個念舊且懂得惜物的孩子。

要書寫這篇文章並不難，只要讓孩子從他的收藏品中挑選兩三樣他最珍愛的寶貝，描述一下它的模樣，以及是怎麼擁有它的，再談談為甚麼想珍藏它的原因就可以啦！這樣的書寫即使對低年級的孩子來說，都應該不會是太困難的，放手讓孩子去寫寫看吧！

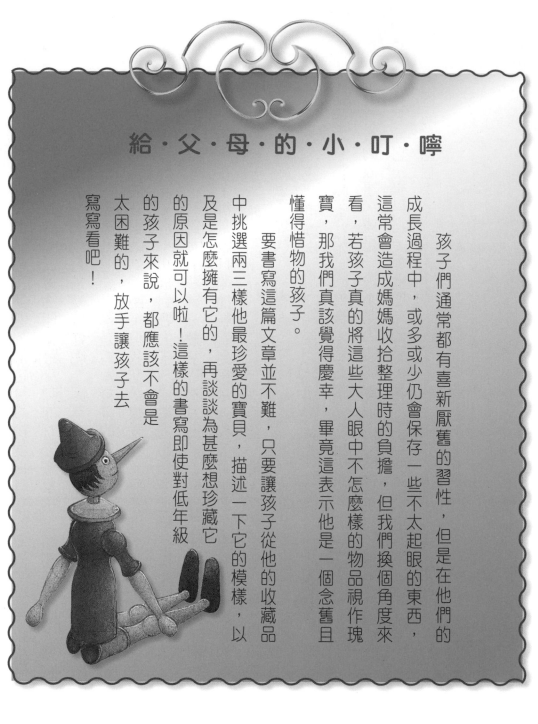

2. 媽媽的心情

今天我們要來談談自己身邊最親愛的人，她是誰？當然就是媽媽囉！最親愛的媽媽每天為我們打理吃的、穿的，還要接送我們上學、補習，當我們身體不舒服時，還要帶我們看病、照顧我們，如果家裡還有爺爺、奶奶老人家要分神，那就更忙碌啦！有的媽媽更辛苦，必須要上班，家庭、工作兩頭忙，每天忙得團團轉，像女超人一樣好像都不用休息，可是真的是這樣嗎？你曾經偷偷的觀察過媽咪嗎？當女超人的電力不太夠的時候，她是甚麼模樣？她會變得很消沉、甚麼話都不想說？還是變得很不耐煩，一點小事就能惹她生氣？如果這個時候還有人不識相、不會看臉色，繼續在她身邊鬼鬧鬼鬧的，那麼我們或許就可以看到一隻爆怒的河東獅，發出驚人的怒吼，你會希望躬逢其盛、籠罩在她的暴風圈裡嗎？我猜沒一個小孩子會願意，所以說囉！我們平常就要多觀察媽咪、多瞭解她的心情，除了可以遠離暴風半徑，更重要的是適時的給媽咪一些支持，讓媽咪變開心一些。

媽咪甚麼時候會很開心？是你表現很好的時候？包括考試成績進步、懂得自動自發寫功課、洗澡睡覺不用人催、不會緊抱著電視、電腦不放，最好還會主動做家事，如果這件事真的發生

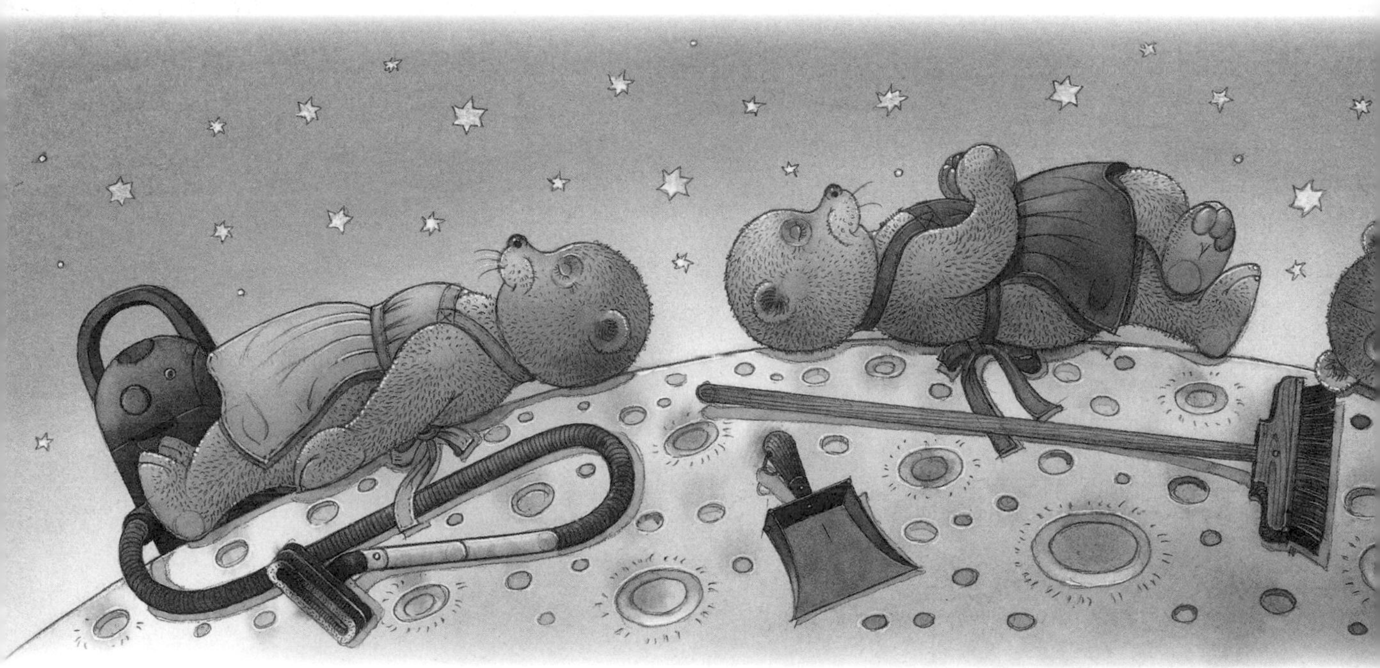

了，媽咪一定以為太陽從西邊昇起東邊落下了，要不然她就會以為你是不是闖了甚麼禍了，可見得，我們是多麼少主動分擔媽咪的辛勞。

其實會讓媽咪開心的事還有很多，當有人誇讚她變年輕、變漂亮、變瘦了，那麼一整天都可以看到她眉開眼笑的模樣；若是爸爸送了她一份貼心的禮物，嘴巴上她可能會嘟嘟囔囔的說爸爸亂花錢，可是心底卻甜甜的變得好溫柔；當她和手帕交的好朋友偷得浮生半日閒的去喝個下午茶，也會讓她彷彿回到少女時代般的婉約可人；若是在百貨公司大打折時，搶購到超低價的商品時，是不是也會讓她嘰嘰喳喳像

K. Kas

隻小麻雀般的雀躍不已。所以呀！只要我們稍費些心觀察，就不難發覺甚麼事會讓媽咪開心快樂了。

而甚麼事又會讓媽咪生氣爆怒呢？罪魁禍首是你、還是爸爸呢？如果甚麼事情都拖拖拉拉、要媽媽三催四請，同一件事說了又說，卻依然故我，這不讓她生氣也難呀！當然，說謊、頂嘴、狡賴……，動不動就擺臉色給她看，也會令她怒火中燒，到時候燒得你哇哇大叫，也是活該倒楣呀！

不過在日常生活中也有許多令媽咪心煩意亂、暴跳如雷的事，比如費心燒了一桌好菜，卻無人問津，還要她收拾善後；或是爸爸不回來吃晚餐也不會打個電話，如果爸爸回來時又喝得醉茫茫，那簡直就是火上加油，逼得她不火冒三丈才怪；朱老師小時候就很常聽到媽媽抱怨家裡的貓貓狗狗，有時她拌了半天的飯，狗貓們卻興致缺缺，這時她就會開罵：「這個不吃、那個不吃，是要吃仙桃呀！」貓狗們也只敢翻著白眼看她；而當媽咪河東獅吼時，你都會如何呢？會躲在角落皮皮挫，還是和我們家狗貓們一樣，露出一副無辜的表情呢？

我覺得一般孩子最怕的還不是媽咪生氣的模樣，當媽咪傷心落淚時，才最叫人心慌意亂呢！那麼，媽咪甚麼時候會情緒低落、暗自啜泣呢？是親人生病或過世嗎？是和爸爸鬥嘴吵架嗎？是看到可憐的社會事件嗎？像前一陣子新聞報導「一碗麵的故事」，就讓人為之鼻酸，事情是這樣的，一位癌症

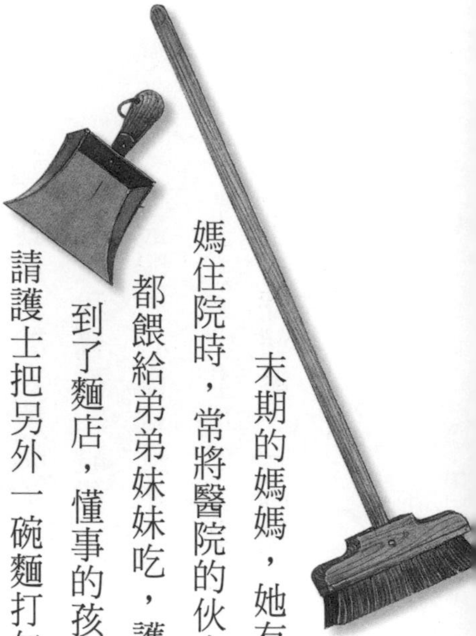

末期的媽媽，她有五個聽話又孝順的孩子，他們因為家境清寒，媽媽住院時，常將醫院的伙食讓給陪伴的孩子吃，姐姐總說自己不餓，把飯菜都餵給弟弟妹妹吃，護士們看了心疼，便帶兩個大一點的孩子去吃麵，到了麵店，懂事的孩子叫的是最便宜的陽春麵，而且只肯合吃一碗麵，請護士把另外一碗麵打包回去給媽媽和弟弟妹妹吃，這真實的故事感動了好多人，是不是也感動了你的媽咪，而讓她落下了同情的淚水呢？朱老師就常會為這些事低迴傷心不已，當我看到拾荒的老人、路口賣花的婆婆、洗車的殘障人士及在街頭流浪的狗狗貓貓，都會心疼的落淚，這時在我身邊的女兒就會安慰我，讓我的心裡好受些，所以如果當你看到媽咪傷心難過時，千萬別躲得遠遠的，即使你不知道要說甚麼，只要陪在她身邊，就可以撫慰她了。

那麼又有甚麼樣的事物會讓媽咪驚恐呢？是老鼠、蜘蛛、蟑螂……？還是會爬行的蛇呢？當這些蛇蟲鼠蟻出現時，又有誰會挺身而出保護媽咪？當偉大的爸爸不在時，你會當那名護花使者？還是跟著媽咪一起抱頭鼠竄、驚聲尖叫？我的女兒就一定是那個跑得比我還快的膽小鬼，為此，我只好兼差扮演女超人，努力的拯救人類，所以凡是升格為母親的女生，膽子好似一夕之間就可以壯大許多。

不過再怎麼大膽的媽媽還是有害怕的時候，當孩子受傷、生病時，作媽

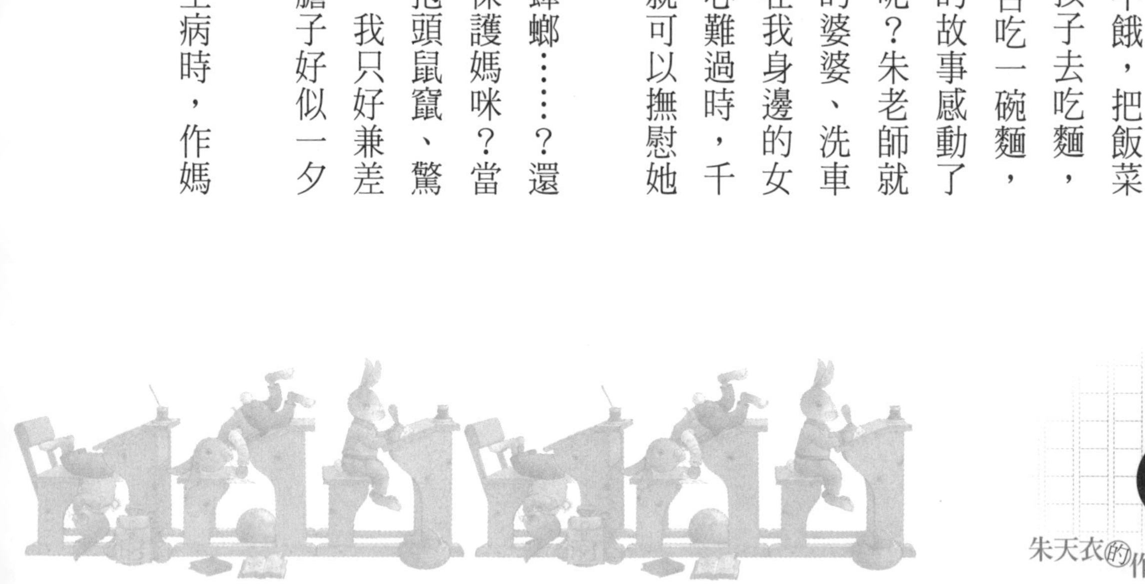

的能不擔驚受怕嗎？回想起來，每次在學校出狀況，媽媽趕來時的那份驚慌失措，便知道她已擔心到甚麼地步了；若是碰到走失，或小孩失蹤了，那更是會讓她驚嚇到抓狂，朱老師有位朋友就曾因為兒子放學去同學家打電動，玩到忘了時間，也忘了打電話回家，那三個小時裡，他的媽媽除了翻遍了學校每個角落，還通知了所有親朋好友幫忙協尋，最後又報了警、打電話給附近醫院的急診室查尋，正當所有大人忙成一團時，那小傢伙終於倦鳥知返回來了，我永遠記得當媽媽看到兒子那一刻，整個人腳一軟跪坐在地上、嗚嗚哭起來的模樣，我相信在那之前，所有想得到的恐怖情景——綁票、誘拐、車禍、暴力侵害……，都曾出現在那位媽媽的腦海中，孩子們千萬別以為這是媽媽緊張過度、小題大作，有一天當你也為人父母時，就能明白她為甚麼會驚恐到這種地步。

媽咪真的是我們最、最親愛的人，每天除了享受她給予我們的照顧，是不是也該回頭去關心她過得快不快樂？而不要老是說等我長大以後要如何如何報答比山高、比海深的母愛，如果她現在就在你的身邊，你卻連起碼的關心都做不到，又如何奢求未知的未來能做甚麼呢？所以就讓我們從今天起，好好的瞭解媽咪、多多的關懷媽咪，再偉大的媽咪也有脆弱無助的時候，也許我們並不能為她解決甚麼問題，但只要能貼心的多陪陪她，便足夠了。

給·父·母·的·小·叮·嚀

每值母親節前夕，學校也好、才藝班也好，都會讓小朋友做張卡片或寫些感謝的話語給媽咪，這當然比甚麼都不表示要好，但是卡片上如果只有隻字片語的感言，或出現類似「比山高、比海深」公式化的辭句，彷彿一年一度不得不的交差，那我真會覺得不如不寫。

當我自己為人母後，我會和學生們說，母親節這一天，媽咪最想收到的不是甚麼鮮花蛋糕，或得到一天免做家事、免做三餐的優惠，媽咪可能最在意的是，有誰關心她、有誰在乎她，若透過文字細膩的書寫出我們對她的瞭解，那對終年辛勞的媽咪來說，會是最大的鼓舞，也是最貼心的獻禮。

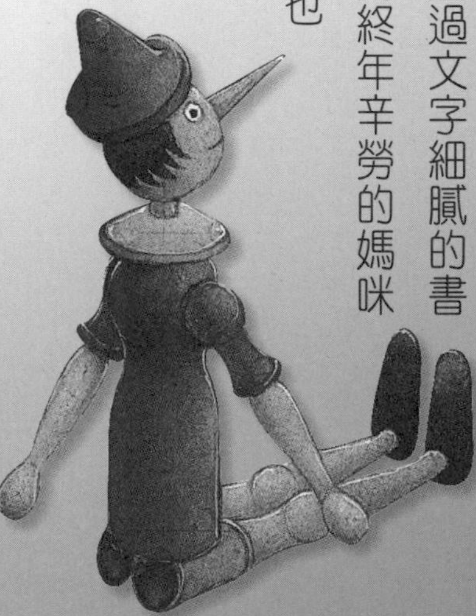

3. 爸爸的拿手絕活

在我們的生命中，除了媽媽之外，就是爸爸和我們最親了，在一般的家庭裡，媽咪扮演的是天使的角色，每天照顧著我們，而爸爸呢？則比較像是守護神，時時保護著我們，所以當孩子越小的時候，越會覺得爸爸像超人一樣無所不能，而爸爸通常也會不吝於表現自己，盡可能滿足孩子對他的期待，扮演好英雄人物的角色，我的一位朋友，一天早晨在廚房裡做早餐，煎荷包蛋時沒注意，把蛋給煎破了，在一旁才五歲的兒子聽到媽咪驚呼蛋破了，便老神在在的說：「沒關係！爸爸會把蛋修好。」可見，爸爸在所有孩子們的心中，真是十八般武藝俱全、無所不能呀！

今天我們就來談談無所不能的爸爸，到底有些甚麼拿手絕活吧！有的爸爸開車技術一流，像個超級賽車手，任何路況都難不倒他，而且他還超級會認路，像賽鴿一樣腦袋瓜裡裝了一臺衛星導航，趕時間時，就算塞車，他也能找到替代路線，要不就在車陣裡穿梭自如，至於順暢的高速公路則是他飆車的好機會，一不小心便衝過速限，嚇得媽咪在旁邊雞貓子喊叫，走山路時，他又以為自己在參加越野大賽，把你們當湯圓一般甩來甩去，像坐雲霄飛車一樣驚險，這樣的賽車手爸爸是讓你驚歎？還是無福消受呢？

有的爸爸則是電腦天才，凡是關於電腦的事物找他就行了，他會為你抓資料寫報告，心情好時，還會為你下載遊戲，讓你玩得不亦樂乎！當電腦有任何疑難雜症時，找他一切就搞定了，不過，唯一的缺點是，他會和你搶電

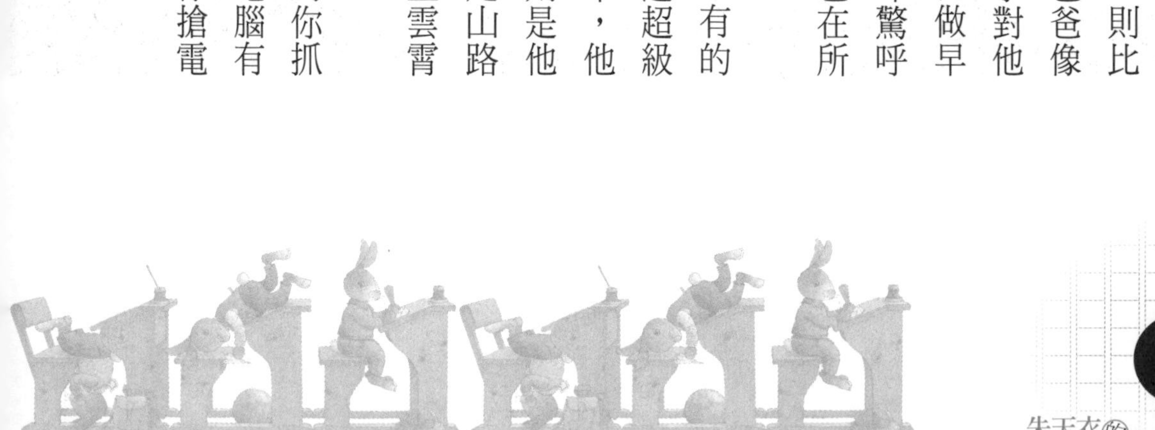

腦，而且一坐在電腦前便不知道下來，非要媽咪親自出馬才請得動他，真有些傷腦筋。

還有一些爸爸是運動健將，任何運動項目他都很在行，籃球、棒球、桌球、羽毛球……，但凡各種球類運動都難不倒他，至於游泳、跑步、騎車也都很拿手，簡單說，他簡直可以去參加鐵人大賽了，相信這樣的爸爸絕對會希望自己的兒女也是個小鐵人，所以每到寒暑假或週休二日，便是你們集訓的時刻，一早還想睡豬覺的你們就會被鐵人爸爸給叫醒，接下來該跑的、該游的、該鍛鍊的，一項都不能少，經年累月下來，想必你也早已練得個好體魄了。

更有一些爸爸會挑戰自己的極限，比如去秀姑

巒溪激流泛舟，或騎自行車環島旅行，也有人嘗試征服臺灣百嶽，但是臺灣的高山並不好攀登，除了山勢險惡，海島型的氣候也是說變就變，如果沒有很好的經驗及萬全的準備，勸爸爸最好還是不要輕易嘗試。其實在我們城市的周圍，就有不少大大小小的山丘可供攀登，像台北周遭就有陽明山、大屯山、象山、指南宮，而我之前住的龍潭石門水庫附近，就有個石門山吸引了很多登山客前往，我女兒的叔叔每到暑假就常把家裡的大人小孩載到石門山下，再像趕鴨子似的把他們趕上山，說是有益身心，

跟不上隊伍的，就發一臺傻瓜相機，等爬到山頂時要拍照存證；他們每次出外旅行時，也很少住飯店、吃飯店的，都是以露營、野炊方式進行，挑選的地點也絕不是甚麼名勝或遊樂園，而是古道、野溪，當然之前的計畫就要準備得很完善，對臺灣的地理也要很瞭解，所以，你也可以稱他為野外求生專家，或者是臺灣地理達人。

每位爸爸的專長都不同，有的熱衷於戶外活動，有的則擅長比較靜態的技藝，像朱老師的父親便喜歡閱讀寫作，不過他也有幾項拿手絕活是連女孩子都自嘆弗如的，因為他出身古老的中國家庭，排行老么的他是和幾個姐姐一起長大的，從小耳濡目染，所以也習得一手好女紅，刺繡、針織他都會，我們姐妹三人小時候的家事課作業，常常都要仰賴父親才能完成，另一項功課也必須拜託父親充當打手的就是炭筆素描，被我畫成像大餅的圓球，經過讀美術的父親大筆潤飾後，立體球狀物即刻顯靈，真是神乎其技；而父親那雙巧手運用在廚藝上，更是令人驚歎，他可以把滷的牛腱肉片得跟紙一樣薄，若迎著光看，還是透明的，他處理滷蛋不是用切的，而是用縫衣服的線來分割，他最厲害的是能將一顆蛋分成八片，再整整齊齊的把它們像花瓣一樣擺在盤子的邊緣，最後會用一顆番茄雕刻成花，裝盤後上桌，這盤經父親精雕細琢後的滷味拼盤，常被客人讚歎好似藝術品，

實在不忍下箸。

我的外公是一位醫生，他除了行醫救人之外，也很會蒔花種樹，三百坪大的庭院裡滿是他栽植的奇花異草，院子的角落還專為蘭花搭了棚子，因為蘭花很嬌，需要蔽蔭潮濕的環境才能生長，在外公悉心照料下，這些蘭也很爭氣，不時暴出一串串的花架回報養花人的辛勞，環著院子，外公還種了十來棵的香樟，長到後來至少都有四、五公尺高，每年修剪都不假他人之手，由外公親自攀上樹操刀，直到九十高齡才在兒孫的勸阻下，停止了這危險的動作；我的外公還有一項絕活，就是醃漬醬菜，他醃的紫蘇梅、椒頭都是下飯的好料，只可惜沒有人真傳到這項手藝，隨著他仙逝，一切也煙消雲散了。

我女兒的褓母爸爸則是泡得一手好茶，每當我去接女兒回家時，總能喝到幾盅他精心泡製的茶湯，順口回甘、生津止渴，簡直像「茶理王」的廣告詞一樣，不過，要泡出好茶除了茶葉要好，水質也很重要，褓母爸爸為此還特別找了山泉水來沖泡，此外，茶壺也很重要，他用的多半都是宜興的紫砂壺，這種茶壺要養，養得好會越來越亮，除了靠泡茶來養壺，有時還可以用柔軟的布巾來打磨，所以不時的會看到他反覆的在那兒磨光茶壺，我常想，如果有一天茶壺裡突然冒出個精靈，那該有多好呀！

所以呀！說到爸爸的拿手絕活，可是說個三天三夜也說不完，我們可

以仔細想想，自己的爸爸有哪些拿手的絕活可以介紹給大家，像是唱歌、烹飪、下棋、釣魚、修理東西……等，有的爸爸真的很會修理東西，家裡的電器用品壞了、傢俱歪了，他都能把它們修補好，連你的玩具也可以讓它恢復原狀，是不是好厲害？有的爸爸是家裡的開心果，他最擅長搞笑，一個笑話、一個動作就能把家庭氣氛變得和樂融融，這樣的爸爸真該發一張獎狀獎勵他，所以今天我們要好好的褒揚一下親愛的爸爸，讓他知道，我們是多麼的以他為榮呀！

給·父·母·的·小·叮·嚀

在中國人的家庭中，通常父親所扮演的角色，會和母親不太一樣，「嚴父慈母」雖已是過時的說法，但忙於工作的爸爸，多半無法像媽咪一樣有這麼多的時間陪伴孩子，親密程度是會有些差別的，因此我便選擇了這看似比較具體的題目，讓孩子更容易進入書寫「爸爸」的情境裡。

「媽媽的喜怒哀樂」和「爸爸的拿手絕活」是孩子描寫人物時滿好的切入點，很容易就讓孩子掌握到人物的個性、喜好及特色，尤其所書寫的對象又是朝夕相處的親人，就更不怕沒有題材參考了，因此，就讓孩子放開心去書寫吧！

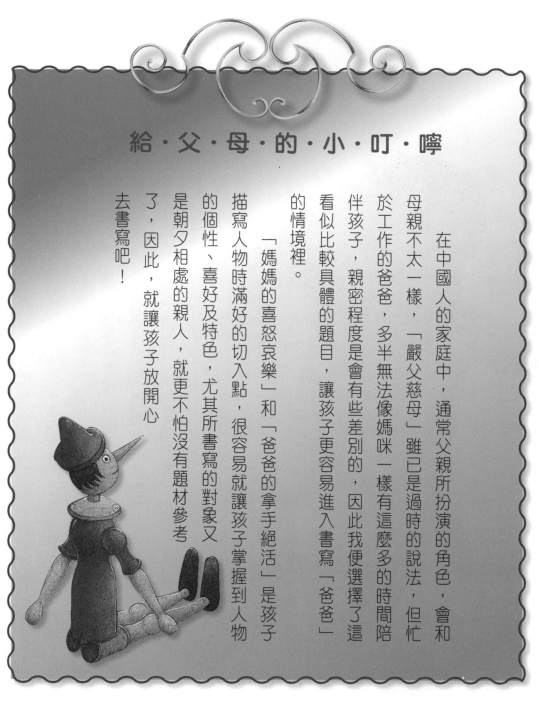

夢

4.

有人曾經說過，世界上只有兩種人不會作夢，一是天才，另一是白癡，我們既不是天才，也不是白癡，我們只是平凡的普通人，所以，我們當然會作夢，像朱老師就超會作夢的，而且甚麼怪夢都作，有時在悲傷或恐懼中乍醒，會好慶幸這只是一場夢，如果是在甜蜜的景況中甦醒，就好希望能美夢成真。

你曾經作過甚麼樣的夢呢？是美好到不想醒來的夢？還是叫天天不應、叫媽媽不理的夢魘呢？朱老師從小就很喜歡躺在床上看書，這是很不好的習慣，但每當冬天好冷的時候，我總喜歡窩在棉被裡看書，有時看著、看著睡著了，厚厚的書壓在胸口，恐怖的噩夢便此展開，有一次我便夢到被一個瘦瘦乾乾的老太婆掐住脖子，怎麼死命掙扎都擺脫不了她的毒手，明明聽到媽媽在臥房外走動，我叫破了喉嚨卻叫不到媽媽，最後好不容易掙脫醒過來，才知道全是壓在胸口的那本《紅樓夢》在作祟，所以小朋友千萬別學朱老師躺著看書，一會傷眼睛，另外則可能作噩夢呦！

你有沒有作過噩夢呢？尤其是剛看過妖魔鬼怪的電影，最容易夢到被鬼怪追殺，而且要命的是，在夢中腿好像是軟的，怎麼跑也跑不快，眼看要被追到了，才一身冷汗的給嚇醒，醒來四周黑漆漆的，好恐怖呀！想趕緊閉上眼，又好怕會回到夢裡，睡是不睡呢？真是令人頭痛呀！我有一位學生就因為去看了《酷斯拉》的電影，晚上便夢到被酷斯拉追得到處跑，最後驚

醒時，嘴裡喃喃地唸著：「酷斯拉！酷斯拉！」睡在旁邊的爸爸拍拍他說：「別怕、別怕，是電影、是假的！」他只得再清楚的說一次：「是褲子濕啦！」喔！原來是尿床啦！

說到尿床，你是不是也有這樣的經驗？夢中正玩得開心的時候，突然內急想尿尿，卻找不著廁所，打開每一扇門，不是廚房就是客廳，沒一間是可以上廁所的，最後就在快憋不住的時候，終於找到了，也暢暢快快的尿了出來，正為自己得到解放竊喜時，才突然驚醒過來發現大事不妙：「完了！尿床了！」這也是一種頗為要命的夢呀！

不過，會和現實結合的還不止這種夢，我以前常會夢到坐在餐廳正要大快朵頤便醒來了，但醒來時卻仍聞到撲鼻的菜香，原來是媽媽正在廚房烹煮晚餐呀！這還算好，夢裡雖吃不到美食，但至少醒來還不至於餓肚子，最可憐的一次是朱老師懷孕時，那時剛結婚，經濟比較困窘，想吃烤肉到不行，又捨不得花錢出去吃，一天晚上便夢到我走進一家蒙古烤肉店，當我挾了滿滿一碗生肉，交給廚師炒得香滋滋正要送進口裡時，夢便給打斷了，醒來後我

坐在床上便自艾自憐的喑喑哭了起來：「現實裡吃不到肉，連夢裡也吃不到肉呀！」

我的母親也是超級愛作夢的人，常常一大清早就聽她在談夢，她年輕時是運動健將，還是學校的網球、排球校隊，有時練球累到不行，一上課便會打瞌睡，打瞌睡不要緊，她還會作夢，夢中她仍不忘打排球，手一推，便把桌上的書本、鉛筆盒給推到桌下去了，這好大的動靜當然是惹來全班的哄堂大笑，後來她當了媽媽，抱著二姐坐在椅子上一樣會打瞌睡，又夢到自己在球場上廝殺，一激動，又把小孩給推到地上去了，直到二姐哇哇大哭，她才驚醒過來，好險！二姐是我們全家智商最高的，腦子並沒摔壞，不過，這也是我聽過最具殺傷力的夢了。

媽媽還常作的是飛的夢，現實中的她身材比較粗壯，沒能學芭蕾一直是她的遺憾，所以真實世界做不到的事，夢卻為她實現了，夢中的她是個芭蕾舞孃，輕盈的在舞臺上翩翩起舞，足尖一蹬，咦？人怎麼飛了起來，飛著飛著，眼看要落地了，再蹬一下旁邊的電線桿，哇！人又飛了起來，真是太棒的經驗了；我的另一個朋友也會作飛的夢，夢中的他不知是怎麼一飛沖天的，但他很記得提醒自己要注意姿勢的美觀，於是他選擇了超人的飛行模樣，伸直手握拳衝向天際，只不過不知道夢裡的他是不是也飛到外太空去了。你作過飛的夢嗎？你又是怎麼個飛法？真的很令人好奇。

還有一種夢，也是有些人共通會作的，我曾問過許多戴隱形眼鏡的朋友，他們都曾和我作過一樣的夢，那就是在清洗鏡片的時候，像指甲大小的鏡片突然變大了，而且是越搓洗越大，最後大到像臉盆一樣，弄得人好驚慌正不知要怎麼戴進眼睛裡時，它卻又縮小了，夢裡鏡片就這樣忽大忽小，毫無邏輯可言，卻仍擾得人心慌意亂的。講到邏輯，其實多半的夢都是不講道理的，就比如我常夢到撈魚，有時是在山渠裡，有時是在水溝旁，先出現的是小金魚，橘色穿著紗裙的那種小金魚，但撈著撈著，便會出現各式各樣的海生熱帶魚，藍的、綠的、黃的，璀璨斑斕得不得了，接著碩大的錦鯉也出現了，夢中撈魚撈得不亦樂乎的我，絲毫不覺得淡水魚、海水魚混在同一個水域裡有何不妥，而且它還證明了一件事，那就是夢是彩色的，至少我作的夢是如此。

我的夢還有一個很奇怪的現象，就是不管夢境中的自己多大了，背景卻都保留在孩提時代所住的眷村，低矮的房舍、狹窄的巷道，連屋子裡的陳設也和小時候的記憶一模一樣，儘管夢中的自己已長大成人，但進進出出仍是在那童年的時空裡，好奇異是不是？這也是我百思不得其解的迷惑。

有人說「日有所思，夜有所夢」，也就是說一個人白天思索著甚麼、牽掛著甚麼，夜晚就會作相關類似的夢，比如隔天要校外教學，前一天就可能夢到自己遲到了、趕不上遊覽車，而被放鴿子了；或者你很喜歡一個人，他

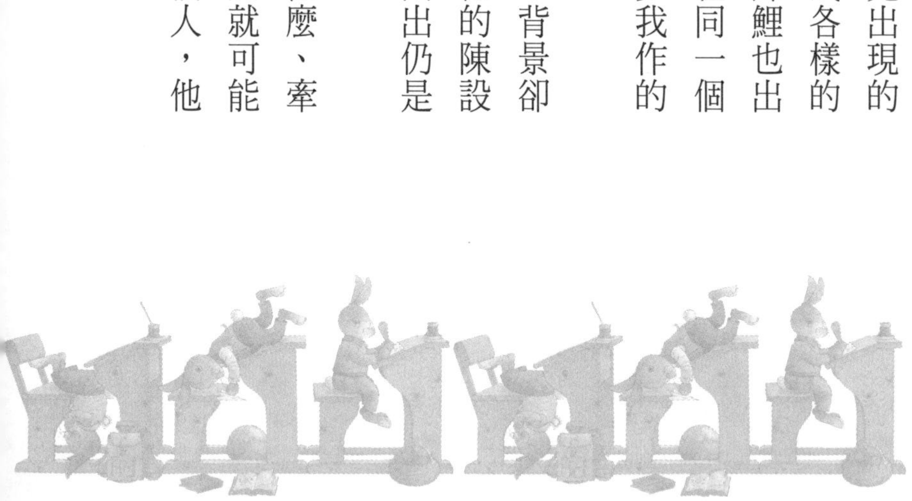

便會出現在你的夢中，而且對你不錯呦！也可能快考試了，便會夢到自己考了個奇差的成績，因此驚醒嚇出一身的冷汗，或許這個夢提醒了你該好好用功，別讓噩夢成真。說到考試，朱老師到現在還會作的一個可怕的夢，就是夢到自己坐在考場裡，不知在參加甚麼考試，結果考卷發下來，卻像天書一樣一題也看不懂，急得我頭髮都快抓光了，還是一點辦法也沒有，就在我絕望地快哭出來時，便醒了過來，當我發現這一切不過是一場夢、而自己早已不是學生時，真是快樂到不行，所以呀！考試帶給人們的壓力真是難以想像的嚴重呀！

我和我的女兒也常常分享彼此的夢，有人覺得談夢沒甚麼意義，但我們卻非常享受夢中超現實的世界，尤其是現實生活中很多不可能的事，卻可以藉著夢一一實現，包括會飛、包括出國旅遊、包括和自己的偶像互動，哇！那真是美好的經驗，雖然不是所有的夢都值得依戀，但是噩夢說出來不是比憋在心裡更好嗎？所以今天我們就來談夢，不管是合理不合理，或是美夢、噩夢，都把它書寫出來，有助身心健康呦！

給‧父‧母‧的‧小‧叮‧嚀

夢本來就是無稽的，但也因為它是如此的無邏輯可言，因此書寫起來，便有很大的空間揮灑，孩子在提筆之前，也許會說自己作過甚麼夢都忘了，但經過前文的提醒，多少都能幫他們回憶起些許的夢境吧！要不，就把作文這件事擱在一旁，先和他談談夢，談談自己曾作過甚麼樣的夢，並慢慢的帶他進入自己的夢境。

最近才有科學家進一步的研究，夢境是很可以作為我們生活作息的參考，他們甚至鼓勵大家可以把自己的夢一一記錄下來，比如說他們清楚的統計過，若孩子常作噩夢，很可能是健康方面需要注意，因為夢是人們潛意識的活動表徵，它當然和我們的身心靈有極密切的互動。

我以為和孩子談夢，不僅是為了解析深層意識，更有趣的是，它可以促進親子間的互動，若孩子發現大人竟然肯聆聽他那胡思亂想的夢囈，那他又有甚麼不願或不敢和你分享的呢！

5. 聖誕佳節

你相信世界上有聖誕老公公嗎？傳說中的聖誕老人會在聖誕夜駕著馴鹿雪橇，到世界各地送禮物給小孩子呦！你收到過嗎？朱老師可是從有記憶以來，每年聖誕節的清晨一起床時，都會在枕頭旁邊發現一份小小的禮物，也許是一罐巧克力糖、也許是一本小書，不管是甚麼，都會令我雀躍不已，小時候的我是真的相信這個世界上有聖誕老人存在的，一直到四年級的那個聖誕夜，睡得迷迷糊糊時看見爸爸在我床頭放下禮物，才知道這麼多年來，送我禮物的是他、而不是聖誕老人，雖然有些微的失望，但心裡還是覺得很溫暖。你呢？你認為這個世界上真的有聖誕老人嗎？每到聖誕節就會有很多小朋友問我這樣的問題，我都是這麼回答的：如果我們把聖誕老人定義為會幫助人的善心人士，那麼在我們的四周及社會的各個角落都有這樣樂於伸出援手的人，雖然他們並沒穿著紅衣、駕著雪橇，但他們的熱心是和聖誕老人一樣的，所以你還認為這世界上沒有聖誕老人嗎？

其實聖誕節應該是一個宗教色彩濃厚的節日，信奉天主教、基督教的人們都十分重視這個日子，在國外甚至會從十二月二十四日前就開始放假，一直放到隔年元旦以後，這差不多兩個禮拜的假期，最主要是讓人們可以回到家園和親人團聚，有些像是我們中國人的舊曆新年，是個團圓溫馨的節日，我們中國人在除夕夜會吃年夜飯、發壓歲錢，他們外國人則會在聖誕夜吃火雞大餐、交換禮物，相信這兩個節日都是東西方的小孩最引頸期盼的。

朱老師的家族從曾祖父開始便都信奉基督教，所以紀念耶穌誕生的這個節日對我們的家庭有著特殊的意義，記得小時候，每到聖誕節前，我們便會把一棵小小的聖誕樹拿出來布置，在它的身上掛滿了各式繽紛的彩帶及彩球，最後還會在樹頂插上一顆金色的星星，接著我們會把所有的聖誕卡用大頭針釘在客廳的牆壁上，整間屋子就變得五彩繽紛的很有節慶的氣氛，有一年媽媽還讓我們

姐妹三人邀請自己最要好的同學來家裡聚餐，媽媽特別做了一桌佳餚來招待我們這些小蘿蔔頭，餐桌上有我們那個年代難得一見的炸雞腿，以及平時喝不起的汽水飲料，說它是聖誕大餐絕不為過，對平常請客擠不上桌、卻被伺候得像上賓的我們這群小鬼來說，媽媽簡直就是聖誕老人，喔不！是聖誕老婆婆的化身。

這幾年來，不管是甚麼原因，臺灣也越來越重視聖誕節了，每到這個節日，各式各樣的聖誕派對都出籠了，有的學校也會舉辦晚會，讓小朋友上臺表演各種才藝，還有一些學校會舉辦聖誕樹的布置比賽，鼓勵小朋友自己發揮創意，用各種不同的素材來製作聖誕樹及聖誕裝飾，像桃園的忠貞國小就用懸吊寶特瓶的方式，製作了一棵大概有三人高的聖誕樹，這個廢物利用製成的作品既特別又美觀，尤其晚上點燈後更是璀璨閃耀；我覺得這樣具有環保觀念的活動，真的很值得鼓勵。

每到聖誕節前，各個飯店、餐廳、商店街及百貨公司都會應景的把聖誕氣氛給妝點出來，大街小巷也傳送著溫馨動聽的聖誕歌曲，我很喜歡這樣的感覺，外面天氣冷冷的，心底卻暖暖的；我因為長年住在鄉間，後來又搬到山區，每年聖誕節前夕，我都會找時間進城一趟，去感受一下鄉野沒有的聖誕氣氛，有一次聽說麗晶酒店在挑空的中庭，布置了一棵十層樓高的聖誕樹，我特地帶我那還沒滿週歲的女兒去大開眼界，那棵樹果真壯觀，仰頭看著樹頂，脖子都會痠，樹下還坐著一位和想像中一模一樣的聖誕老人，我把包著尿片的女兒放到他懷裡想照相時，沒想到第一次看到聖誕老人的女兒，竟然給嚇哭了，哭聲之大，傳遍了整個飯店，真是尷尬極了。我也曾頂著寒風佇足在遠企百貨前，欣賞那露天的藍色聖誕樹；有一年更曾遠赴日本，體會北國的銀色聖誕，不過那年在東京看到最多的是扭屁股的聖誕老公公；在所有的聖誕樹中，令我印象最深刻的還是榮民總醫院大廳裡的那棵巨大、真樹妝點的聖誕樹，十年前我們全家在那兒度過了聖誕夜，我們在父親的病床前輕輕的唱著聖誕歌，也一起祈禱，那天輪到我留下來陪父親，我們送媽媽姐姐下樓後，一時還捨不得回病房，我便推著輪椅和父親在那棵巨人的聖誕樹下繞了一圈又一圈，當時隱隱地知道那會是父親在人世間的最後一個聖誕，但並沒有太多複雜的情緒，因為知道自己病情的父親平穩安祥的就像那晚的平安夜，讓我只有溫馨、沒有傷感。隔年三月父親便病逝了，那年的聖誕夜，我依然來到榮總前，但我不敢踏進大廳，就只是開著車在

醫院外，繞了一圈又一圈，彷彿一直這麼繞下去，父親就會再回到我的身邊。

你呢？曾有過甚麼令人難忘的聖誕節嗎？或看過甚麼特別的聖誕樹嗎？還收過甚麼特別的聖誕禮物嗎？說到聖誕禮物，除了享受收受的樂趣，你自己有沒有送過別人禮物呢？朱老師一直覺得聖誕節應該是個分享的日子，即使是小孩子，也可以扮演聖誕老人的角色呦！這幾年，我都會在百貨公司前面看到一棵許願樹，樹上掛滿了孤兒院裡的院童許的願望，他們有的想要一個書包，有的想要一個鉛筆盒，有的想要一支手表，有的孩子還會特別註明，不一定要新的，能用就好，這些掛在樹上的願望，任何人都可以認捐，我相信很多小朋友家裡都有一些備用或多餘的文具、用品，若能整理好捐出來，是不是很有意義呢？所以只要願意，每個人都可以成為聖誕老公公、聖誕老婆婆或聖誕小小孩，只要我們有顆懂得分享的心，這世界上，到處都有聖誕老人，是不是呢？

今天我們在書寫這個題材時，凡是關於聖誕節的事物都可以取用，包括你最難忘的聖誕派對、聖誕樹或聖誕禮物，或者也可以寫下自己對這個節日的感受，喜歡或不喜歡？不喜歡的人可能是因為宗教信仰的關係，或者覺得這是一個被汙染了太過商業化的節日也有可能，我看過一部電影，劇中的女主角就不願意過聖誕，因為在她還小的時候，他的父親在聖誕夜那天莫名的失蹤了，幾天後家人才發現她的父親為了要給大家一個驚喜，扮成聖誕老人打算從煙囪滑進屋子，卻沒想到過胖的他給卡在煙囪裡報銷了，這當然不是真的，但也許可以提醒許多可愛的爸爸，千萬別做這樣危險的事，不然明明是個歡樂的日子，最後卻弄到悲劇收場可就不好了。

給·父·母·的·小·叮·嚀

自從臺灣的生活水平提升到一個程度以後，聖誕節便成了歲末年終的重要節日，當然在背後推波助瀾的主要是商業考量，目的當然是為了促銷千奇百怪的商品，所以早在十一月中，便已感受到濃濃的聖誕氣氛，各色的裝飾、各種的禮物都出籠了，相信也因此為一些父母帶來了莫名的壓力。

好在近幾年的風氣有些轉變，付出與分享取代了原有的狂歡與奢華，這節日也才慢慢回歸到它的本質，每年聖誕節前，我都會很認真的和孩子們談一談聖誕節的由來，無關乎宗教，而是希望他們明白這個節日在紀念甚麼，它的意義又是甚麼，而不是一古腦兒的跟著別人瞎起鬨的開派對、要禮物，我多麼盼望孩子們經由這個節日，更懂得分享與付出的真諦。

6. 魔法世界

最近J. K.羅琳終於完成了《哈利波特》最後一集的書寫，這套火紅了十年、充滿了想像與魔幻的書籍，陪伴了許多人成長，也為許多人的童年增添了不少的樂趣。你是《哈利波特》迷嗎？每一次新書上市都會迫不及待去購買嗎？還有，當它拍成電影時，你是不是也會搶著進電影院先睹為快呢？裡面的人物你是否都能如數家珍？其中你又最喜歡誰？

在《哈利波特》的魔法世界裡，除了那幾位主要人物備受注意外，其實還有許多的畫面與情節十分的吸引人，比如在魔法世界裡有個可以學習魔法的《霍格華茲》學校，在倫敦的火車站裡有個平常人看不到的《九又四分之三月臺》，而騎著掃把滿天飛舞奪取金探子的《魁地奇》大賽，直可媲美麻瓜們所風靡的世界盃足球大賽，在他們的世界裡一樣有五花八門的商店街、銀行、酒館及政府的辦公大樓，不過最吸引我目光的還是那些千奇百怪的動物和精靈，包括鷹馬、人馬、獨角獸、噴火龍、三頭狗、巨人家族、家庭小精靈，以及恐怖的幽靈、催狂魔和說都不能說的大魔王佛地魔，這些造型奇特的角色，真的為《哈利波特》增色不少。

當然，沒看過《哈利波特》的人，並不代表不能進入魔法世界，我相信每個孩子的腦海中，都曾幻想過自己能騎著掃把在天空翱翔，也曾期盼自己擁有一根能變出自己想望事物的魔法棒，管它是甚麼製成的，能滿足自己的心願就好了。你曾想過，如果自己真的擁有魔法，那會是怎麼樣的情景呢？

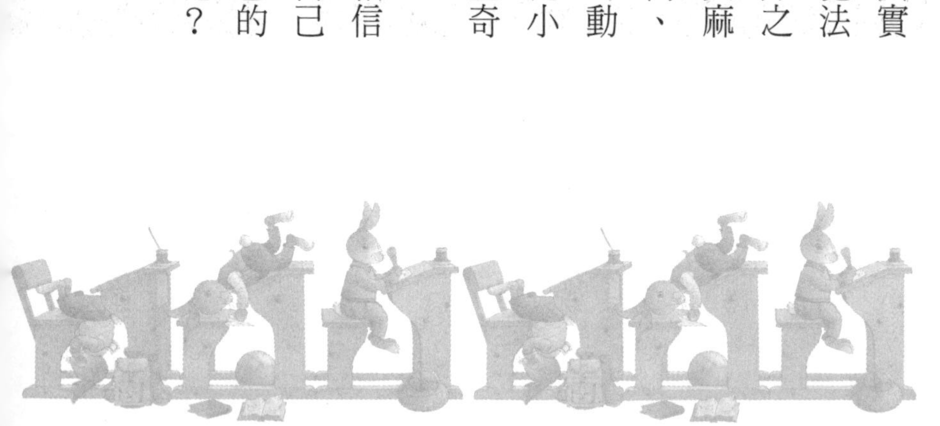

K.Kaspar

如果是我，我最想要做的事可能和海格一樣，養一大堆稀奇古怪的動物，鷹馬和獨角獸是絕對不能少的，如果可以多養幾隻噴火龍那就太好了。唉！說著、說著，又回到了哈利波特的世界裡了。

好吧！就讓我們再來看看另一個和魔法有關的故事，那就是宮崎駿的動畫《魔女宅急便》，翻譯成中文就是「魔女的限時專送」，其實比較之下，我是更喜歡這個故事，在這部動畫中，沒有複雜的情節，更沒有恐怖的角色出現，裡面的人物也不必一直活在恐怖的佛地魔陰影下，是一個很清新、很有意思的魔法故事，故事中的琦琦，是個擁有魔法的小女孩，當她年滿十三歲時，必須離開父母到另一個城市獨立生活，她可以運用自己的魔法展開新的生活，有的魔女靠算命謀生，而琦琦則是以騎著掃把替人傳遞物件為生，也就是我們所謂

的快遞工作，在這新的環境中，沒有父母親友的幫助，她要獨自面對許多的狀況，真的有些辛苦，但最後琪琪都一一克服了，而且也交到了許多的朋友，讓她能夠在這充滿人情味的城鎮，找到了落腳處，也找到了自己。

宮崎駿的這部動畫，十分的簡單，卻也令人百看不厭，在他的故事中，擁有魔法並不是甚麼不得了的事，也完全不需要掩藏起來，人群中沒有魔法師和麻瓜的分別，琪琪和一般女孩的分別，也只是她會騎掃把、會和她的魔法貓咪說話，而這些特殊的能力，卻有可能隨著她情緒的低落，失去生活目標而消失，變得和平凡人沒甚麼兩樣，也許正因為如此，琪琪的魔法世界與我們的距離便沒那麼遠，或許有一天，我們也會突然擁有那神奇的力量，騎著掃把一飛沖天。

朱老師常常就如此幻想，自己是個擁有超能力的女巫，在我飼養的二十一隻貓咪當中，就有四隻全黑的貓，其中一隻就叫「KI KI」，牠長得和琦琦的小黑貓一模一樣，牠還有一個特色，就是一隻眼睛是淡黃色，另一隻則像琥珀般金黃，牠聽得懂很多我說的話，我也能猜得出幾句牠的貓語，如果我們繼續努力下去，也許有一天，我們倆真的能一起騎著掃把行走江湖呦！

如果是你，你會選擇甚麼樣的動物作為你的魔法同伴呢？是貓？是狗？還是貓頭鷹？我的建議是別選太龐大的動物，不然飛行時會有些困難，如果我的小黑貓不能陪我雲遊四海，也許我就會選擇一尾小青蛇，在我們的山上就有很多的小青蛇，牠們都很溫馴，也很害羞，不過牠們也很倒楣，因為山上的人常把牠們當作有毒的青竹絲處理，我們家的壞貓咪也常把牠們當玩具戲耍，因此每當我看到牠們的時候，都有股衝動，想飼養牠們、保護牠們，若好好訓練，說不定可以讓小青蛇盤在我的掃把上，陪我一起遨遊天際。

其實當魔法師讓我最嚮往的就是可以騎著掃把穿梭自如，你可以想像一下，夏季翱翔在滿是星斗的夜空，是多麼浪漫呀！當清風徐徐地吹過髮際、臉頰，又是多麼舒暢啊！而且，想去哪兒都可以，不必搭車、不必塞車，也不會排放廢氣，既省錢又環保，唉！這真是值得推展的交通工具呀！如果你覺得騎掃把不好平衡，那也可以選擇其他的飛行工具，比如像滑板車，或是腳踏車都可以呀！只要你的法力夠，沒有人規定魔法師一定要騎掃把呀！

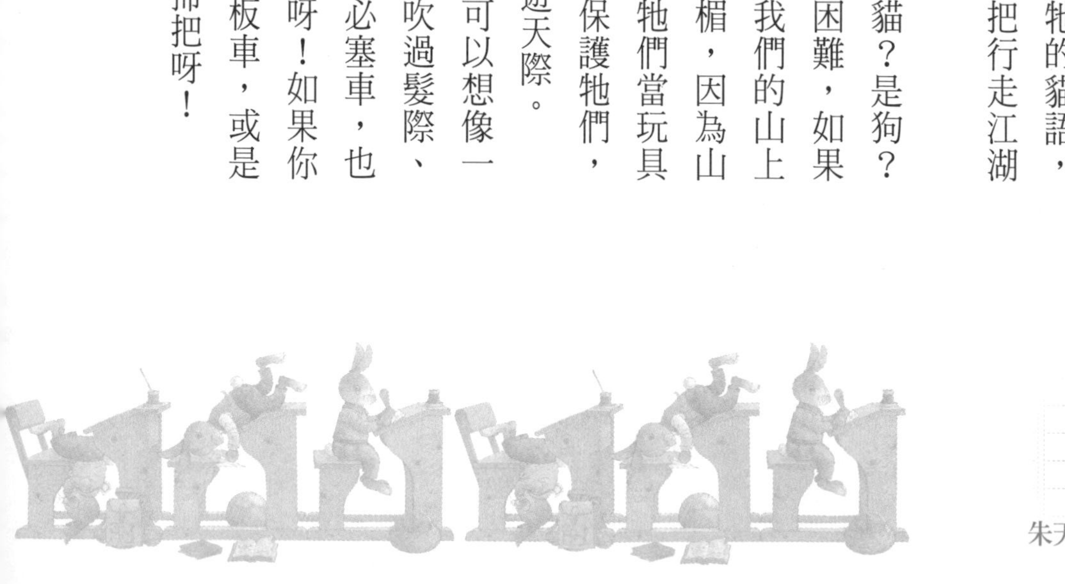

還有，如果到了你十二、三歲時，你會選擇像哈利波特一樣去「霍格華茲」學習更強的魔法，還是要像琦琦一樣，尋覓一個新的城鎮展開獨立的生活，不管是前者或是後者，你都需要靠自己擁有的魔法來生存，那麼，你會選擇甚麼樣的工作呢？是當一個魔法界的執法人員正氣師嗎？還是像榮恩的雙胞胎哥哥開一家魔法雜貨店，販賣各種五花八門的整人玩具，若是你和琦琦一樣，並不具備高深的法力，那麼你也可以利用撲克牌或水晶球來幫人算命，還可以開個小小的香草鋪，依據各種植物的特性為人治病，琦琦的媽媽就是這麼做的。

怎麼樣？我給你的建議還OK嗎？也許你有更好的選擇也不一定。今天，你可以自由的設計你的魔法世界，想像一下，如果你真的是一個擁有特殊能力的小巫女或小巫師，你會選擇一個甚麼樣的魔法人生呢？你的寵物是甚麼？你的飛行器又是甚麼？你需要對抗一個恐怖又邪惡的大魔王嗎？還是你的世界單純的像琦琦一樣，只要放開心胸學習獨立成長就可以了，這一切全由你決定。

J.K.羅琳花了十年的時間、上百萬的字數才完成了她的《哈利波特》，你一樣可以用想像描繪出你自己的魔法世界，這是一個讓你天馬行空的題材，盡情去發揮吧！

給·父·母·的·小·叮·嚀

能騎著掃把在天空飛行，相信也曾是你我童年的夢，當我們陪著孩子一起沉醉在各式的魔幻王國時，你會有美夢成真的感受嗎？

其實我一直覺得《哈利波特》是一套塞得太實太滿的故事，並沒留下太多的想像空間給讀者，反而是宮崎駿的《魔女宅急便》，像中國的水墨畫一般，擁有大量的留白，可供我們的思緒天馬行空、自由翱翔。

所以在孩子們預備進入魔幻世界前，若想參考一下他人的想像，我以為選擇《魔女宅急便》會更合適，但如果孩子根本就沒有這個需要，直接就想躍入魔幻國度裡，那就更好了，就讓他盡情享受遨遊在想像天地間的快樂吧！

歡樂新春

7.

今天我們要談的新年不是國曆的元旦，而是農曆的中國春節，一談到這個節日，朱老師忍不住臉上就會綻放出甜甜的笑容，童年時期最美好的記憶大概都和這個節日有關，在我們成長的階段，臺灣還不像現在那麼的豐衣足食，生活十分的簡單，衣食能達到無缺就不容易了，所謂的零食、零用錢對當時的孩子來說，簡直是天方夜譚，唯一口袋裡能裝幾枚小錢、一把糖果的時候，就只有這一年一度的新春假期啦！而朱老師家又比較特別，因為朱老師的父母十分好客，其中好多叔叔伯伯隻身從大陸來臺灣，還沒成家、孤家寡人的過年沒處去，就會來我們家吃飯作客，因此過年期間，我們家永遠是川流不息的人潮，父母沒時間管我，我樂得在外面痛快玩耍，連回家吃飯都不必了，因為口袋裡滿滿的都是零食糖果，還有叔叔伯伯給的壓歲錢，在小孩的心中，天堂也不過就是如此呀！

一拿到壓歲錢，你們猜，朱老師第一件事會去做甚麼？哈、哈！我會去買玩具槍，而且是兩把，左手一把、右手一把，想像自己是美國西部片裡的荒野大鏢客，神氣的不得了，可想見朱老師小時候是多麼的男孩子氣，那時的手槍雖然射不出子彈，但是裡面可裝上一捲火藥，乒乒乓乓的會發出響亮的聲音，平時玩槍戰遊戲時，只能用手比出槍的模樣，用嘴模擬槍擊的聲音，但新年時就不一樣了，可以「真槍實彈」的玩耍，而且是左右開攻，一次兩把槍呦！

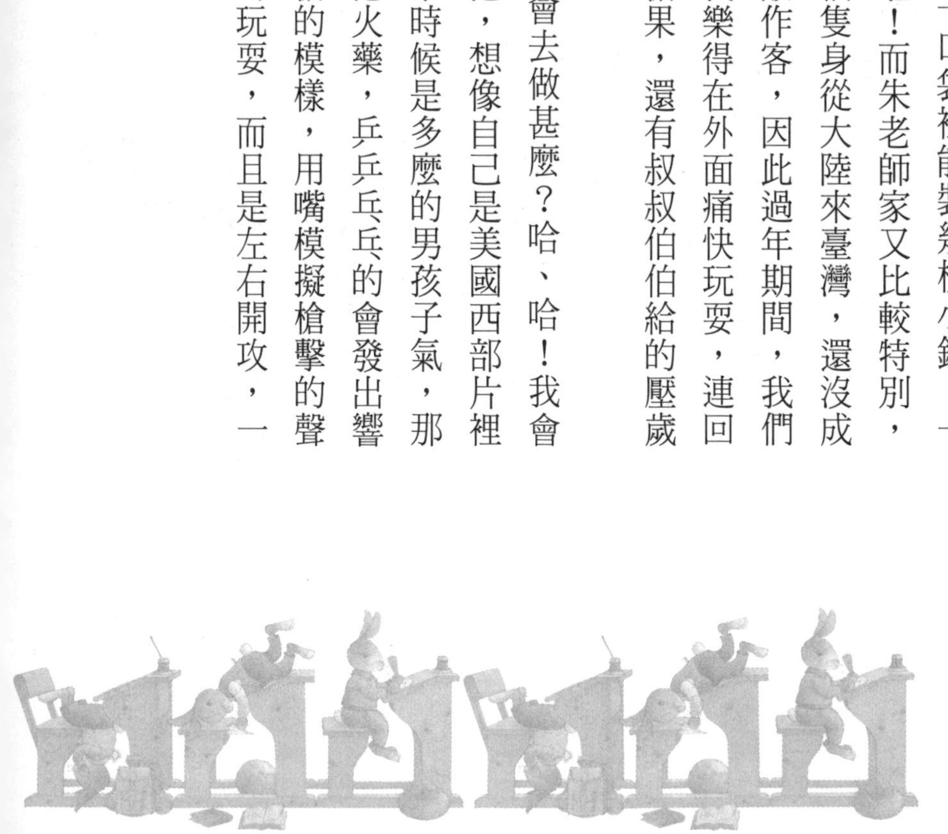

另一樣我也一定會買的就是汽水，因為在那個年代，汽水是寶貝到不得了的奢侈品，平時請客，小孩子能分到半杯喝就要偷笑了，所以在過年領到壓歲錢時，我便會和村裡的玩伴，偷偷到雜貨店一人買一瓶汽水，再躲到山上去喝，那一大瓶的汽水真會把人撐死，往往喝到一半就不行了，但又捨不得倒掉，喝完的玻璃瓶還可以退錢，因此就會看到一堆小蘿蔔頭坐在樹幹上，手持著瓶子、打著氣嗝，像酒鬼一樣很痛苦的咕嚕咕嚕灌著汽水。

過年時絕對不可以少的當然還有鞭炮，如果聽不到鞭炮聲、聞不到鞭炮味，就完全感受不到過年的氣氛，我是這麼覺得的，在我們小時候，沒有禁止放鞭炮這件事，在除夕的傍晚，大家祭祖後都會放鞭炮，接下來便是守歲到十二點時，家家戶戶也會點燃一長串的鞭炮，睡眼朦朧的我聽到屋外此起彼落的鞭炮聲，不禁精神又來了，雖然看到家裡的貓貓狗狗給嚇得到處亂竄，但心裡還是開心得很，尤其看到床頭媽媽幫我準備好的新衣新鞋，摸著枕頭下爸爸給的壓歲錢，人生真是充滿了希望呀！隔天一大早也是給鞭炮吵醒的，乒乒乓乓的鞭炮聲把人都給炸得心花怒放了，迫不及待的穿上新衣新鞋便往外衝，見著了玩伴，買了手槍、喝完了汽水，鞭炮大戰於焉展開。

我們的村子不算大，總共有九十八戶人家，但是每個家庭平均都有五、六個孩子，所以每次聚在一起玩的時候，至少都有二、三十個玩伴，而且村頭村尾是各玩各的，因為小蘿蔔頭實在是太多了，每年炮戰會展開，常常都是因為擦槍走火的緣故，也許是村尾放炮放過了界，村頭的孩子視作挑釁行為，便也回敬一記響炮，如此你來我往的便廝殺起來，兩邊人越聚越多，沖天炮滿天飛，點燃的水鴛鴦要等到冒黃煙了才能丟擲，我們嫌太慢，便直接在手中點燃沖天炮、大龍炮去出去，大龍炮的引信太短，一不小心便會炸到自己的手，但從沒人喊疼，男孩女孩都一樣，全心全意的投入戰場，為保護家園而奮戰，直到大家的口袋空空、彈盡援絕了，這場驚心動魄的殊死戰才告落幕。後來我們還為了增強戰力，研發出一種能讓沖天炮射得更準的方法，便是用一段直徑十公分的水管當炮筒，一人蹲在前方肩著炮筒瞄準，另一個人在後頭點燃引信，這好似火箭炮的設計命中率奇高，只是沒有專

利權的保障，很快的就被敵方抄襲去了，我便因此成為攻擊目標，損失了頭頂一撮頭髮。

過年時最怕碰到下雨，一下雨便甚麼事都不能做了，掃興得要命，有一次過年就是如此，綿綿細雨連下了幾天，好不容易雨停了，但天氣仍冷得令人受不了，於是大夥決定在空地上生火，一方面取暖，另外還可以烤地瓜，一切準備就緒，但地太濕、火怎麼都生不起來，孩子王的我突生妙計，要大家去撿未爆的鞭炮，把火藥拆解出來，收攏在一起，放在紙堆裡，果真是一點就燃，只不過那回烤熟的地瓜一口咬下去，全是火藥味，但是大家還是齜牙咧嘴的吃了個乾淨。

比我們大一些的孩子就更狠了，過年期間家家戶戶都會自製臘腸、臘肉甚麼的，而且常會掛在院子裡或走廊下，這些年貨便成了這些青少年覬覦的目標，時不時的拐到鄰居家割串臘腸、切塊臘肉，躲得遠遠的、聚在一起生把火，便大快朵頤起來，有時吃著吃著還會在那兒品頭論足，誰家的好吃、誰家的鹹到打死賣鹽的了，有一回一個大哥哥吃得滿意，問旁邊的同伴是哪家的臘腸如此美味，對方答道：「就你家的呀！」哈、哈、哈！順手牽羊到自己家去了，真是活該。

唉！一講到過年，朱老師就滔滔不絕的說個沒完沒了，你是不是也是如此呢？大概很少有小孩不喜歡過年的，儘管平時衣食無缺，但新年時父母親多半不太會約束小孩，你是不是就可以盡情的吃喝了呢？而且呀！連晚睡晚起也沒人管，如此一來，看電視的、打電動的都沒了節制，如果又遇到家族團聚，那麼堂哥堂姐、表弟表妹的玩在一起，就更是熱鬧了，此外，口袋裡的壓歲錢也會滿滿的，說到這，你的壓歲錢都可以自己運用嗎？還是只能當一個過路財神，全由父母保管呢？在朱老師結婚以後有一段時間過年時都不敢隨便出門，因為一出門就要準備紅包，錢包就會大失血，一直到我女兒出生，我才敢抱著她到處跑，碰上有小孩的朋友，我們就會兩免，彼此都不用破費，若遇到還沒有孩子的叔叔伯伯，我就賺到啦！所以，那一段時間，我開心的不得了，因為又恢復有壓歲錢可領了，可是好景不常，我女兒國小一年級時，她慎重其事的告訴我：「媽媽，我決定今年的壓歲錢要自己保管。」啊！我的快樂日子又過完了，再也拐不到她的壓歲錢啦！

今天，所有關於新年歡樂的事都可以描寫，從年前的辦年貨到除夕的年夜飯，以及新春期間的拜年、到廟裡上香，以及所有的吃喝玩樂都可以寫，從除夕到十五元宵都算是過年，期間發生的任何快樂事都可以書寫，當然千萬別記流水帳，只要挑選其中幾件特別有意思或印象深刻的事，用你生動的話語敘述出來就可以了，讓大家都能分享你的歡樂新春呦！

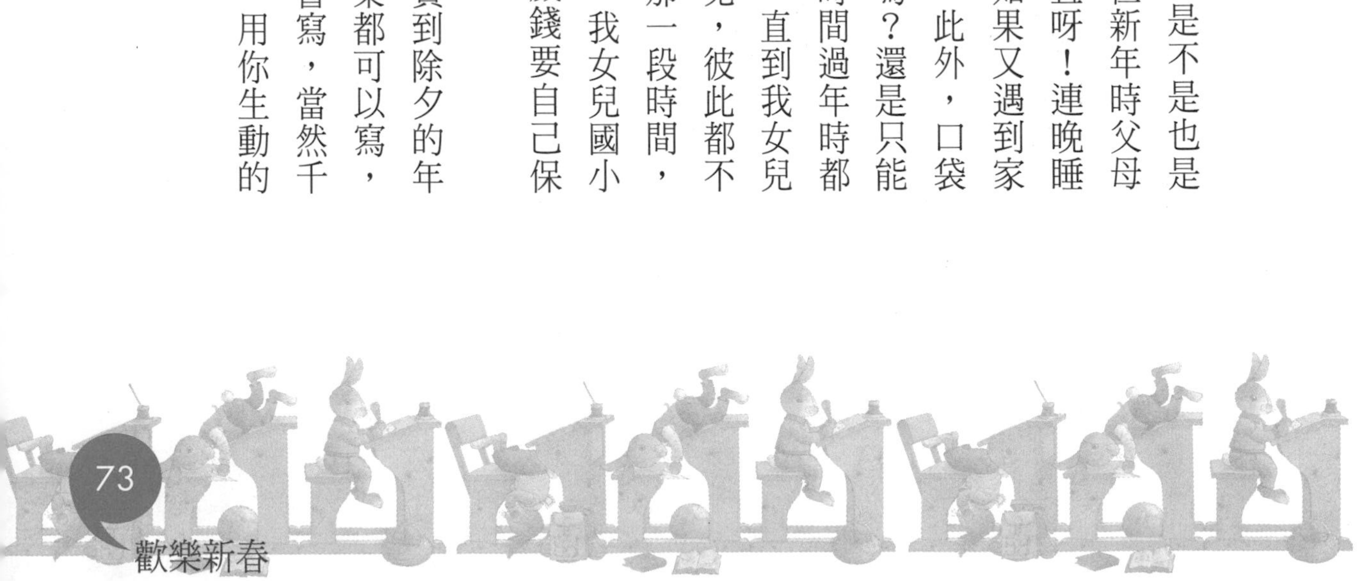

給·父·母·的·小·叮·嚀

時代再怎麼變遷，舊曆新年永遠是中國人最看重、也是最珍視的節日，尤其對只需要負責吃喝玩樂的孩子更是如此，所以要孩子把新春期間的歡樂描述下來，應該是很容易的事，若真要有一點建議的話，也就是提醒孩子們可以更著墨於春節熱鬧氣氛的描述，把這個節日的最大特色給彰顯出來。

記得小時候，我們非常喜歡聽大人談論他們孩提時過年的情景，每個省分、每個族群都有屬於自己的習俗，年菜也各具特色，客家人和閩南人祭祖時的講究便不盡相同，而山東人的供桌上，堆的則是如山一般高的大饅頭……，有空如果能和孩子分享自己美好的過年經驗，那會讓親子關係更上層樓呦！

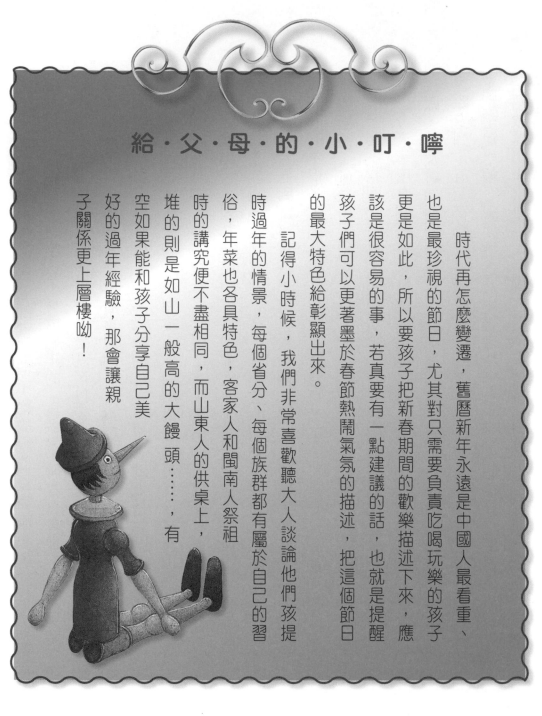

8. 迎向春天

一年四季當中，你最喜歡的季節是哪一個呢？許多小孩都喜歡熱鬧的夏天，因為有個長長的暑假，而且可以從事許多水上活動，但朱老師怕熱，就算有冷氣也不管用，因為悶熱的暑夏，只要在冷氣房裡進進出出幾次，馬上就會頭痛、出現中暑的現象，所以整個夏天我都會處在一種渾渾噩噩的狀態下；一年當中我最喜歡的是秋天，乾乾爽爽又涼颼颼的，讓人腦子好清醒，可以靜下來想很多的事、做很多的事；而冬天也不錯，把自己包在厚厚暖暖的衣服、棉被裡，特別有種溫馨安全的感覺；至於春天嘛！老實說，朱老師以前挺怕這個季節的，因為比較容易下雨，而且一下就是沒完沒了的綿綿細雨，有時連續一個禮拜都不放晴，感覺頭頂都快長出香菇來了，至於那些恐怖的蛇蟲鼠蟻也開始蠢蠢欲動，更是讓人戒慎恐懼，一不小心就得被迫和牠們打照面，還真有活在地雷區的恐怖呢！

但是自從我遷居到山上以後，對春天的觀感完全改變了，在冬天時萬物都處在一種休眠的狀態，蟲蟲們都不知躲到哪裡去了，就算鳥兒們一樣會出來覓食，但也不再那麼聒噪愛說話，總是靜靜地飛過來、又悄悄地飛走了，而許多的樹木也變得光禿禿的，雖然也呈現出一種蕭條的美，但是看久了，還是會讓人的心情有些低落，一些比較弱小的植物，甚至會處在完全死寂的狀態，讓人以為這回它真是死透透了，再沒可能會甦醒過來了，但是，春天一來，所有的萬物全都活了過來，首先靠近河邊的臺灣原生水柳第一個醒

來，一夕之間，枝椏上便布滿了嫩綠的小芽，一撮一撮的看起來可口極了，接著窗外巨碩的楓香也冒出棕色的嫩芽，隨著春風撫過，那一隻一隻像嬰兒握拳的小手便慢慢地舒展開來，九芎也開始穿上新裝，不再像秋冬時光溜溜的讓人為它喊冷。

春花也開了，朱老師種在河岸一整排的李樹先行綻放，一蓬一蓬雪白的花架綴滿了枝頭，遠看像下雪般的壯觀，一陣風過，那一片片的花瓣飄落

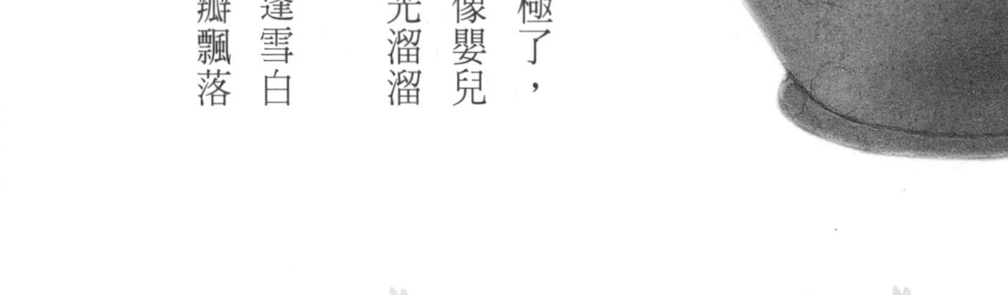

下來，就更像漫天飛舞的雪花了；過了農曆新春，便是山櫻、杏花及桃花的天下，如雲如霞的花海，布滿了山間，這回風再吹過時，地上便鋪上一層桃紅的毯子，令人捨不得踩踏；石縫裡的非洲鳳仙也出來湊熱鬧了，紅的、紫的、粉的、橘的，以人海戰術的方式攻下了整個院子；攀在花架上的紫藤也不遑多讓，偷偷爬上了屋簷結出一串一串的紫色花架；如此這般的百花爭妍，都在在的告訴我，春天來了、春天真的來了。

當我的目光關注在各色植物時，春雨綿綿也就沒那麼擾人了，一場春雨降臨，小草們爭先恐後的冒出頭來，彷彿晚一步便擠不到位置，它們大口大口喝著甘霖，比賽著誰先長高，多長一分，便可以多接收一分陽光，所以春雨對這些花花草草來說，簡直像「蠻牛」一樣，可以讓它們更迅速地拔高長大。但是也有些慢動作、好賴床的懶惰鬼，春風、春雨都叫不醒，這時就得靠春雷出馬了。

年輕時候我曾經上過易經課，老師說每年春雷報到的先後，會預告當年雨量的多寡，這不是迷信呦！因為地氣初動，天地間的氣化銜接在一起，才會有春雷的產生，地氣發動的早晚當然會關係到一整年天氣的變化，所以每到驚蟄前後，我都會特別注意春雷來臨的時刻，這幾年過起山居的日子，對春雷的光臨就更加在意了，因為雨量多寡關係到當年適合栽種甚麼樣的植物，也影響了所有植物存活生長的情況，春雷多半是在夜晚降臨，有時睡到半夜，便會讓悶悶的雷聲給驚醒，在沒光害的山中，雷的閃光特別明顯，躺在床上，窗外的閃電乍隱乍現，像遠方的炮火，有些震撼，卻也令人充滿了好奇，隔天清晨，很明顯地就會覺得庭院裡熱鬧了許多，好多好久不見的小動物都出現了，老友重逢的喜悅，讓這春天的早晨更是充滿了希望。

在我們還沒蓋房子前，那塊空地上常有野兔、臭鼬、白鼻心和各種蛇出沒，秋天是牠們最活躍的時候，大概是想把自己吃得飽飽、肥肥的好過冬吧！後來房屋蓋好、狗貓也都搬上了山，隔年春天便不太看得到牠們的蹤跡，那一年春雷乍響後的那個清晨，我看到一個熟面孔，牠是一尾南蛇，我都叫牠阿南，牠出現在院子的一角，抬高半個身子左看右看，和牠打了個招呼，我便忙起自己的事，每當經過牠身邊的時候，就會和牠說說話：「狗狗貓貓好多，要小心呦！」還好貓狗並沒發現牠，一會兒我又向牠抱歉的說：「好吵是不是？要不要躲遠一點？」牠搖晃著身體不置可否，就這樣牠觀望了一個早晨，終於接納我的建議，姍姍滑到靠河邊的石縫落腳去了。唉！這樣的事總會讓我很惆悵，因為我們避居山林，便逼得許多小動物必須遷離牠們的家園，真是抱歉呀！

春天真的是一個很熱鬧的季節，除

了視覺的享受變得更多彩多姿，連聽覺也不得閒，蟲鳴鳥叫不絕於耳，連青蛙、蟾蜍都來湊熱鬧，山上的蟾蜍都超級大的，而且完全的不甩人，晚間行走時牠們從不曉得讓路，常為了躲開牠們險些兒摔倒，若是一場雨過後，馬路上更是布滿了出來散步的蛙蛙，害我開車都要蛇行才躲得過牠們，還有一種樹蛙特別有意思，我一直不明白牠們是如何攀爬到我們二樓的玻璃窗上的，牠們帶蹼的腳丫上雖然附了吸盤，但是牠們的肚子實在太大了，每次看到牠們奮力躍上來，想吃玻璃窗上的小蟲子，但沒一會兒，牠們就會被那鼓鼓的肚子給墜得往下滑，那模樣真是有趣極了。對了，春天還有一個奇景，那就是室內燈一亮，玻璃窗上全都布滿了趨光的昆蟲，各種大小的蛾都出現了，大到像手掌的有，小到和米粒一般的也有，簡直就像活標本的展示櫥窗，可供你細細的研究。

你喜歡春天嗎？當春天來臨時，千萬別窩在屋子裡養香菇，不時到室外走走，享受一下春風春雨的撫慰，更別錯過大自然為我們搭建的舞台，一場豐富、動人的聲光秀即將在我們眼前展開，讓我們展開胸懷，一起迎向春天吧！

給·父·母·的·小·叮·嚀

生活在都市的人們，通常都不太能感受到季節的變遷，這是非常可惜的事，孩子們的感官照理應該比較敏銳，但若是四周的環境變化不大，那麼季節的遞變也很難打動他們的心，所以不時的帶孩子到郊外走走，山林也好、鄉間也好，或者是海邊、溪畔，只要細細的觀察，絕對能感受到四季正以不同的風貌呈現在我們眼前。

我清楚記得年幼時，媽媽常帶我們姐妹去山澗採山蕨，我的神父小舅也熱愛大自然，不時會帶我們走入山林，教我們辨識各種花草、蟲蟲，他會為了撿到一個蟬蛻或長長的蛇皮而開心一個下午，我在想，長大後的我會如此的貼近自然、享受山居的生活，真的是受到了媽媽和舅舅的影響，所以要讓孩子對大自然有敏銳的感受力及觀察力，父母必須先讓孩子有接觸自然環境的機會呀！

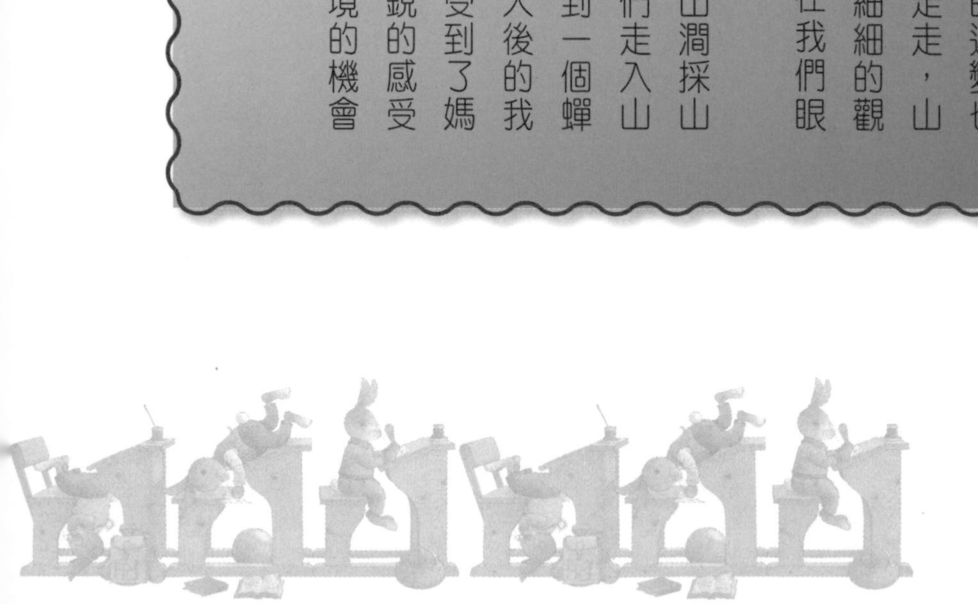

9. 煩惱

人活在世界上，好像很難不會有煩惱，小時候有小時候的煩惱，長大了有長大的煩惱，老人家的煩惱也不少，煩惱自己的身體健不健康，煩惱兒孫工作事業順不順利，煩惱老朋友怎麼越來越少，總之呀！一個人要真的煩惱起來，還真是沒完沒了。

朱老師小時候總是迫不及待的想長大，滿以為長大了就甚麼煩惱也沒了，可以不再受老師、父母的約束，自己賺錢自己花，愛做甚麼就做甚麼，多麼自由、多麼快樂，哪曉得長大以後全不是那麼回事，首先隨著年齡增長，課業變得越來越重，每天應付考試就忙得焦頭爛額，好不容易讀書到

一個階段，又要開始忙著談戀愛，戀愛是很甜蜜沒錯，但過程中紛紛擾擾的還是十分煩人，好不容易和心愛的人穩定下來，決定廝守一生了，接下來組織一個家庭又有無數的事要煩心，柴米油鹽醬醋茶開門七件事，一件都不能少，若是添了小孩，就更有勞煩不完的事；到了朱老師這個年齡又有了不同的煩惱，我現在最煩的是時間不夠用，每天忙上課、忙貓貓狗狗、忙許多的雜事，忙到幾乎沒時間陪女兒、也沒時間做自己想做的事，除此之外，我也開始擔心自己不停的發胖，以前吃再多都不會有甚麼問題，但是現在只要吃得正常一點，體重就會緩緩上升，如果是放開懷的大吃大喝，那麼體重就會直線往上衝，衝到讓人好想把體重計給砸了，所以有時回頭看看，又覺得還是小時候好，即使有煩惱，好像也沒那麼嚴重，但這說法，一定不會得到你的認同，是不是呢？因為你一定會覺得自己有一大把的煩惱，才不像大人說的童年是最無憂無慮的，是不是這樣呢？

你會煩惱甚麼事呢？功課太多、書包太重？還是每天除了上學，還有補不完的才藝課，作文、英文、鋼琴、畫畫、書法、心算……，其中有自己喜歡上的課，但有的卻是被迫必須要上的，那真的會煩死人，像朱老師每次看到新的學生，都忍不住想問他們，是不是被父母用機關鎗、菜刀逼來的，這麼說雖然有些誇張，但事實卻也相差不遠，所以有時候，我會覺得自己也是壓迫小孩的共犯呀！如果你真的覺得上這麼多課很辛苦，我建議你，找一天父母比較不忙的時候，靜坐下來和他們談談你的困擾，而不是用鬧情緒的方式發洩自己的不滿，我相信父母一定聽得進去的，試試看好嗎？

朱老師小時候也曾為了類似的事鬧過情緒，那個年代老師出的功課比較多，作業簿的格子也比較小，每次為了要把斗大的字塞進那小小的格子裡，都會讓我十分的苦惱，記得有一個下午，姐姐們還在學校上課，媽媽又在房間午睡，我一個人坐在茶几前，辛苦的寫著好似永遠寫不完的功課，那天天氣又陰沉沉的，壓得人更是情緒低落，當時覺得人活著好沒意思，忍不住便哭了起來，一把鼻涕一把眼淚的覺得自己委屈得不得了，把本子都哭花了，那時的我不過才二年級耶，居然會覺得人生無趣，有活不下去的念頭，好在哭完了，姐姐也回來了，我才破涕為笑的繼續把功課寫完了。

除了課業，你還會煩惱甚麼事呢？嫌自己長得不夠高、不夠帥，或是像朱老師一樣嫌自己太胖了，其實朱老師小時候不僅不胖，還瘦得像竹竿，所以那時候我比較煩心的是如何讓自己變胖，我的父親也瘦，但我們的胃口卻很好，不過吃再多也不長肉，媽媽就常說我們兩個是吃冤枉糧的、浪費國家財產，而且我小時候貪玩，永遠曬得跟小黑人一樣，本來我也不太在意自己的外表，但自從五年級，班上轉來幾個漂亮女生後，我才發現自己根本是個野孩子，而且是野野的男孩子，我偷偷的觀察她們，才知道女孩子擦汗要用手帕而不是袖子，搧涼時不可以用裙襬，離開教室要從門口走出去，而不是

直接從窗戶跳出去，下課時不是只能和男生夥在一起打躲避球，還可以留在教室裡聊天談心的，因此我試著讓自己文靜些，別像個過動兒成天殺進殺出的，而慢慢地，她們也肯接納我，讓我加入她們的圈子，我這才知道她們的話題是甚麼了，但也因此產生了另外一堆煩惱，那時候我回到家便會問媽媽，我有腰嗎？我的腰細嗎？還有腿要怎麼樣才算漂亮？媽媽從來不會笑我，她會很認真的告訴我，不要為了讓腰細，就把腰帶繫得緊緊的，那樣會不消化，而且以後可能會影響生小孩；至於腿嘛！媽媽努力的想了一會兒告訴我，應該是膝蓋小一些就會顯得腿好看

吧！我仔細研究過自己的膝蓋，還是不太明白它是大還是小，這問題依然困擾著我，好在升上六年級分了班，我不再和她們同一班，就此又恢復了我無憂無慮的野孩子生涯了。

小時候有個問題也一直困擾著我，那就是名字，不是說我的名字有甚麼不好，我非常喜歡父親為我取的名字，只是我覺得這名字是小孩子用的，每個人長大以後都要換一個名字才對，小時候用的名字怎麼可能跟著長大呢？當升旗腦子一片空白時，我就會思索這些在當時嚴重困擾我、現在想起來卻很無聊的事，有時我也會想到死亡，人死了本來就很可怕了，如果再給裝進密不透氣的棺材裡那不就更恐怖了，後來又聽說有火葬，就更令我驚駭到不行，那不會痛死嗎？幼稚的我全然忘記人死都死了，哪還怕甚麼呼不呼得到空氣、被火燒著會不會痛這些問題，但這些事就是會困擾著我，還會讓站在大太陽下的我打起寒顫，起一身的雞皮疙瘩。

你們會不會像朱老師小時候一樣，一天到晚在煩惱一些有的沒的、很奇怪的問題，也許你們考慮的都是一些比較實際的事，像是成績功課之類的，或是在班上和同學相處的情況，一個人如果人緣不太好，那當然是要擔心的，但如果是人緣太好了，可能也會產生許多的困擾，像我的一個可愛的學生，前一段時間就面臨了一個難題，她的班級裡有兩個小圈圈，兩邊都有她喜歡的朋友，但是，這兩方人馬卻要她做個選擇，跟這邊好就不能跟那邊

好，這真的很讓她為難，因為任何一方她都不忍割捨，弄到後來，每天上學都變成一件苦事，才二年級的她就已感受到人情的壓力，她的媽媽想幫忙，她卻怕弄巧成拙、同時失去兩邊的朋友，最後、最後，她因為轉學才解決了這個煩惱。

當你遇到煩惱時，都會怎麼解決呢？會和父母、姐妹、好朋友談談嗎？或是像朱老師一樣先倒頭大睡一場再說，哈、哈！我覺得這方法還挺有用的呦！有時一直煩、一直想，反而會鑽牛角尖，不僅解決不了問題，還會讓自己的情緒盪到谷底，不如先去睡一覺，等腦袋清楚了再說，而往往一覺醒來，便會發現事情其實沒有想像中的那麼嚴重，原本的煩惱便消失了大半，這可是我過來人的經驗，你也可以試試看呦！所以今天除了可以寫出自己的煩惱，也可以談談自己是如何解決這些煩惱的，就算沒有具體的解決之道，但是不是有可以化解心中煩憂的方法呢？你把它寫出來，一方面可以抒發情緒，另外還可以讓其他有煩惱的人參考一下你的解決之道及紓壓的方式，那真是功德無量呀！

給・父・母・的・小・叮・嚀

人的一生，每個階段都會有每個階段的煩惱，也許事過境遷回頭再看，當初困擾我們的真不是件事，但身陷其中時，就是無法跳脫出來，年輕時如此，孩提時也是如此，所以當孩子們在抒發心中的疑慮或煩憂時，哪怕它只不過是芝麻綠豆大的事，也千萬別當笑話看，那會很傷孩子的心的，嚴重的，還可能會因此讓他們關閉了與大人溝通的管道。

小時候我最喜歡在媽媽做菜時，站在廚房邊和她說一些有的沒有的，她從來不會不耐煩，也不會大驚小怪的說一些大道理來糾正我，也許實質上，她也並沒能為我解決甚麼問題，但只要她肯聆聽，肯把我當個朋友似的分擔分享我的喜怒哀樂，我的心門便願意為她展開，這件事也讓我感念至今。

所以，當我們慨嘆孩子不再願意和我們說話時，是不是也可以思索一下，我們有多久沒聽孩子說話了。

10. 六十年後的我

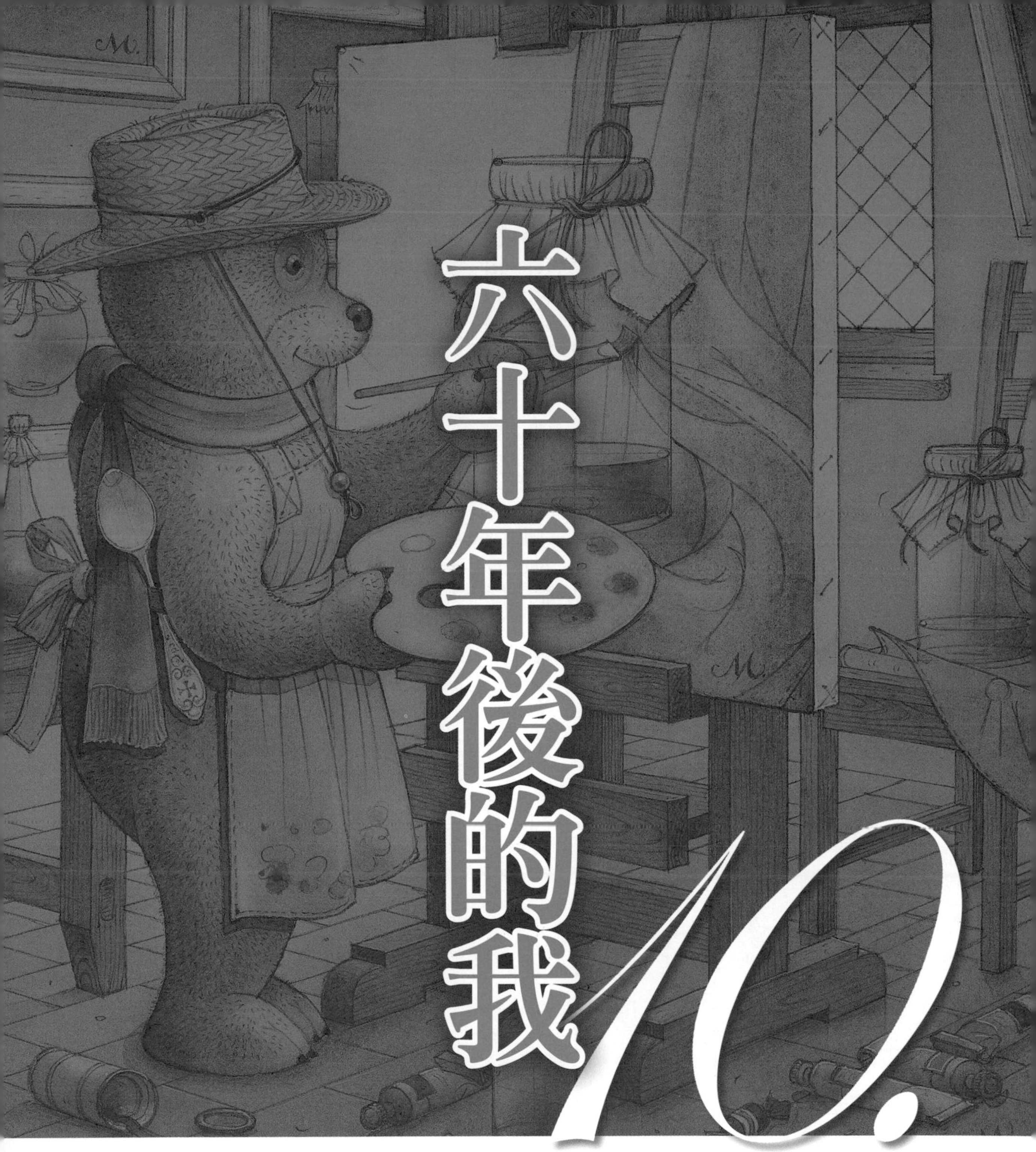

六十年後的我？！哇！六十年，真的是好久、好久以後的事，但不管多麼遙遠，它終究會來臨的。你算過嗎？六十年後你已經幾歲了？應該是七十歲左右吧！七十歲的人，真的可以稱為老公公、老婆婆了，你有沒有想過當自己活到那把年紀時，會是個甚麼樣的光景呢？也許你會覺得很好奇，朱老師為甚麼要你書寫那麼久遠以後的事呢？其實，我真的是有目的的，在我們小時候，每到敬老重陽節，老師都會要我們寫一篇「敬老尊賢」的作文，那真的是一件挺痛苦的事，因為我們家裡並沒有老人家，就算有老人家的家庭，小孩子通常也不太親近他們，因為在共處的生活中，老人家老是和他們搶電視看，阿公愛看摔角、布袋戲，阿嬤愛看連續劇、歌仔戲，不是煩死人，就是吵死人，而他們的牙齒不好，吃的食物是又熟又爛，和他們一起用餐簡直就是災難，此外他們的記性不好，常常一件事問了又問，都快把人給搞瘋了，還常常把家裡大大小小的名字給搞錯，若他們又患有老人癡呆症的話，那家裡的生活就更是大亂了，這樣的狀況小孩看在眼底，怕都怕死了，又怎麼可能讓他寫出一篇「敬老」的文章呢？要不就像全無經驗的朱老師一樣瞎掰一通，要不就像我們那些有恐怖經驗的同學違心的說一堆假話交差了事。

那麼要怎麼樣才能讓小朋友打從心底的寫一篇真正懂得且體貼老人家的文章呢？我覺得只有一個方法，那就是把自己想

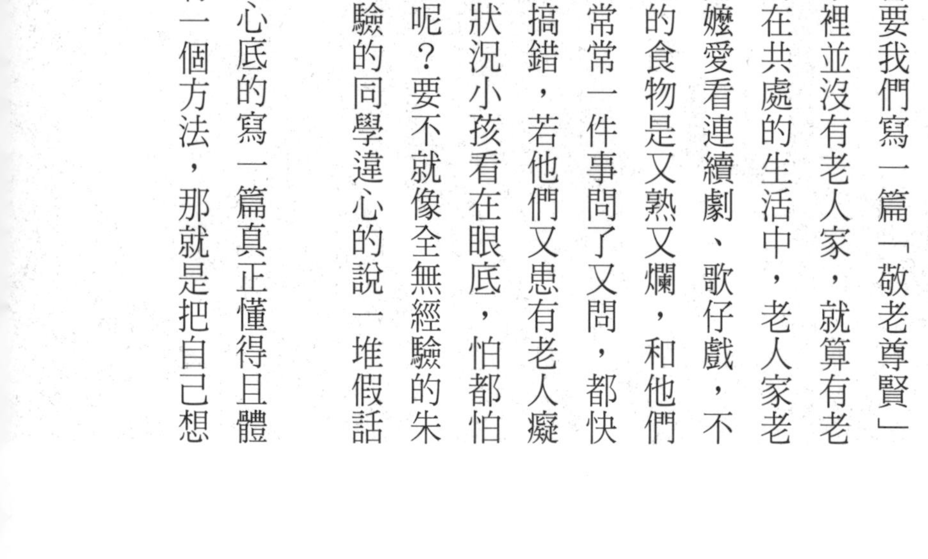

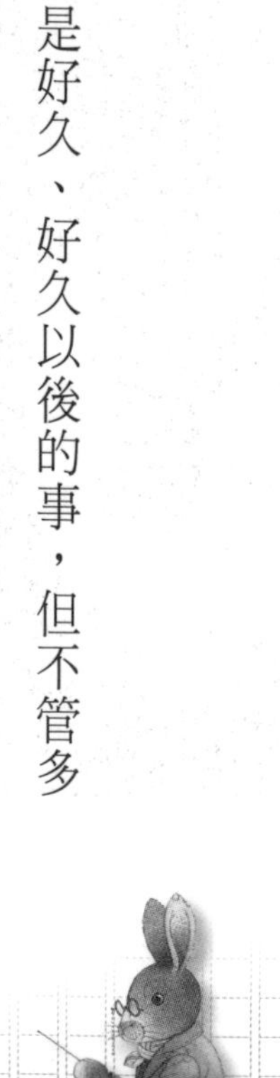

像成是老人，深切的體會他們的生活、他們的想法、他們的感受，才有可能進一步去關心他們、孝順他們。每個人如果夠幸運的話，都會有老的時候，當你七老八十時，你會希望過一個甚麼樣的老年生活呢？是和兒孫生活在一起嗎？每天享受著天倫之樂，最好是還有一副健朗的身體，這樣便可老而不廢的多為兒孫做點事，一大清早出外運動回來，可以幫他們買些早餐，或自己動手做一些簡單的早餐，這樣趕著出門上班、上學的兒孫，便不會餓肚子了，至於漫長的一天能做些甚麼呢？其實可以做的事真不少，簡單的家事應該還難不倒你，若有空，還可以約一些同年齡的老朋友，一起喝喝茶、下下棋、打打牌，除了打發時間，還可以防止老人癡呆症呦！朱老師到日本旅行時，在電車上，就常看到一群一群的銀髮族，揹著畫架或相機，相約一起去郊外踏青，看他們活力十足、充滿喜悅的表情，真的很像小孩子參加校外教學時的模樣。等和老朋友聚會完畢，回到家說不定還有時間先把飯煮好，等媳婦回來炒個菜很快就可以吃晚飯了，如果你還能負擔接送孫子那就更好了，像朱老師的學生不少就是由爺爺奶奶接送的，這真的可以減輕很多必須工作的爸爸媽媽壓力。

不過真的有這麼好用的老人家，那簡直比請菲傭還划算呀！要是是朱老師，可能就會有不一樣的選擇了，倒不是怕成為我女兒的傭人，我比較擔心的是幫不了她的忙，反而成了她的累贅，畢竟年輕人有年輕人的生活，年輕

人關心的事、談的話題和老年人就是不同，兒子媳婦辛苦上班回來，卻還要聽你抱怨睡不好、哪裡又不舒服了，天天如此，就算再孝順的孩子也有嫌煩的時候，可是老人家和老人家在一起就不一樣了，談到病痛，每個人不僅發言踴躍，連對付方法都千奇百怪，且不吝於和別人分享，哪家醫院、哪個醫生好啦！哪個偏方、草藥管用呀！甚麼運動、飲食可以減輕病灶，總之呀！話匣子一打開便滔滔不絕，誰也不會嫌誰囉嗦，大家都一樣。所以，要我選擇的話，我比較會傾向選擇和一群差不多年齡的老人生活在一起，住老人院也好，幾個好朋友住在一起也可以，一群老人生活在一起，誰也不會嫌誰動作太慢，記不住事情、記不住別人的名字，也不會有人笑話，大家聚在一起東家長、西家短的，時間很快就打發了，不是很好嗎？

不過，可以的話，我最希望到老的時候，可以和一大堆貓貓狗狗生活在一起，牠們不會嫌我又老又醜，也不會嫌我行動遲緩、腦袋不靈光，白天有狗狗陪伴曬太陽，晚上有貓窩在我的棉被裡當暖暖包，那真是愜意極了，女兒有空回來看看我，沒空我就一個人看書、寫字的，一點也不會寂寞，像我的父親住在醫院的最後一段時間，仍是手不釋卷，我們陪伴在病床前，也是他一本書、我們一本書，自在得很。我曾經問過他，心目中的天國是甚麼模樣，他想了想說，應該就是能繼續的看書、繼續的寫稿，那麼，我覺得父親在人世間就已活在天堂了，因為他晚年的生活就是如此。

其實人老了並不可怕，如果年輕時先做規劃，為自己留一筆養老金，到

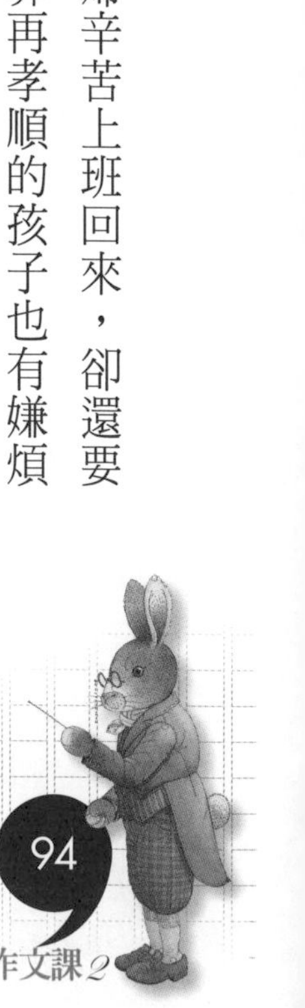

時候就不怕拖累兒孫，也不會讓自己過得很狼狽，此外我覺得還有一件事挺重要的，那就是一定要培養一項適合老人家的休閒或興趣，看書、畫畫、照相或書法之類比較靜態的休閒或許比較合適，因為過於激烈的運動，可能年紀大了就沒辦法繼續保持了，而需要別人配合的棋弈、麻將若湊不到人手就要開天窗了，所以不如不求人的自求多福，而閱讀真的就是最好的選擇，就算你老到動不了或必須臥病在床，書本也可以隨時陪伴你，這是我從自己的父親身上看到的最佳範例。

今天，我們真的可以提早規劃一下自己的老年生涯，體會一下老人家平時都在想甚麼，都是如何過日子的，當然你可以設計一個非常健全完美的老年生活，但是你也可以大膽的去挑戰當一個獨居老人、甚至是無家可歸的流浪老人，想像一下是甚麼樣的原因造成自己孤寂終老的，是因為壯年時太熱衷於事業的追逐，而疏忽了親子關係的經營？還是自己年輕時太過放浪形骸而遭家人唾棄？又或者是因為某個天災人禍、不幸的造成晚年孤寡？總之，這樣負面的書寫，可以警惕我們更要珍惜人生的每一個階段，而且更感同身受的體會孤獨老人的無依無靠，而適度的去關懷他們。朱老師好希望透過這個題材的書寫，讓所有的小朋友都能重新去看待周遭的老人家，不管他們是你的爺爺奶奶或阿公阿嬤，甚或是不認識擦身而過的老人，都能以關懷的心去對待他們，畢竟，有一天我們夠幸運的話，我們也會有老的時候，你說是不是呢？

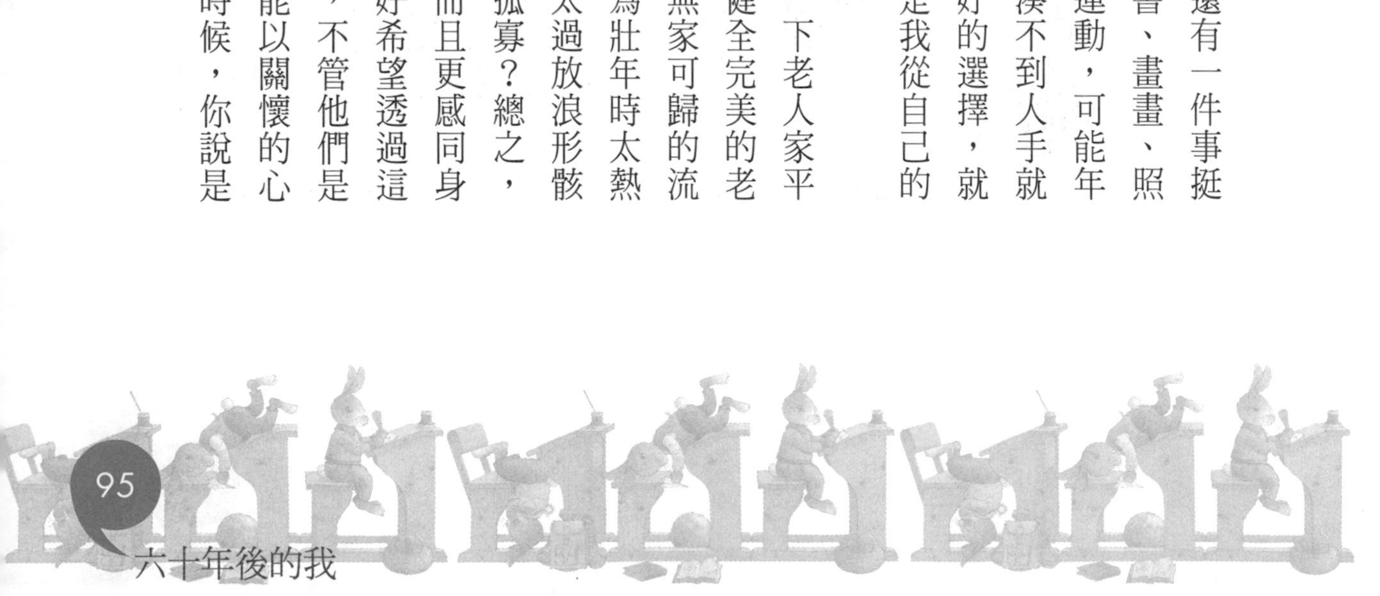

給・父・母・的・小・叮・嚀

有時和孩子說一大堆，不如讓他們親身去體驗，這是我上了二十年課的心得，比如想讓孩子珍惜物資，不如讓他們設想一下自己是個書包、紙張或其他文具用品，而想讓孩子愛護花草、小動物，便讓他們去扮演這些有生命的角色，感同身受後便能設身處地的瞭解，這些物品、這些生命會期盼人類怎麼對待它（牠）們了。

所以與其出一些「敬老尊賢」、「愛物惜物」、「如何愛護小動物」、「如何愛護花草樹木」……之類的題目，不如讓孩子親身去體驗一下他們的感受，這樣反而更能自然的寫出一篇真情流露的文章來。

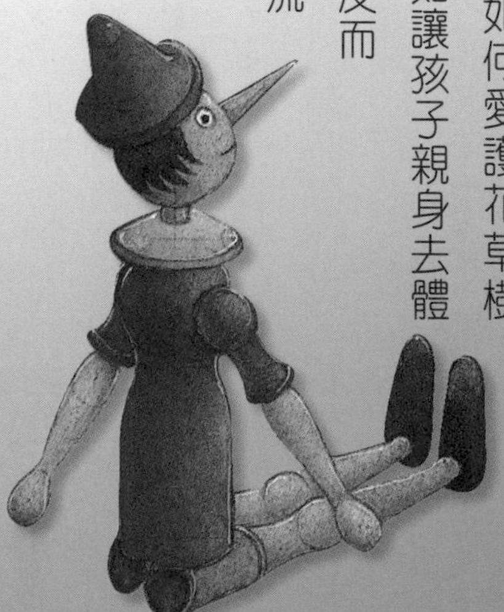

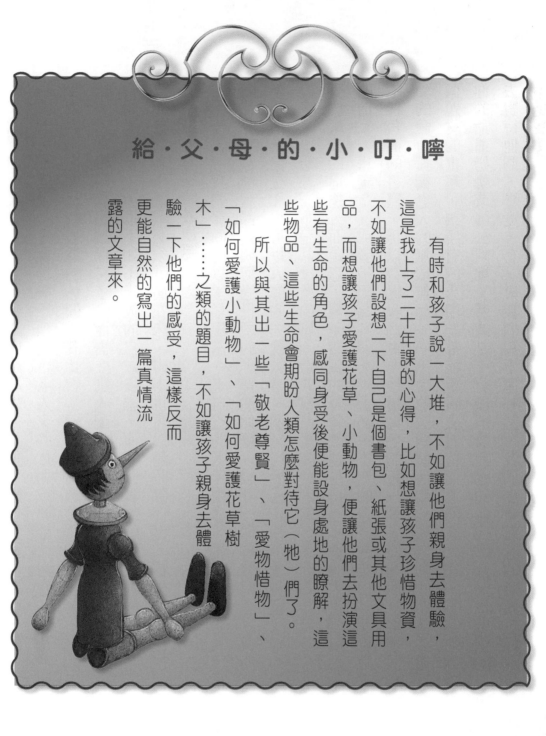

如果有一天……

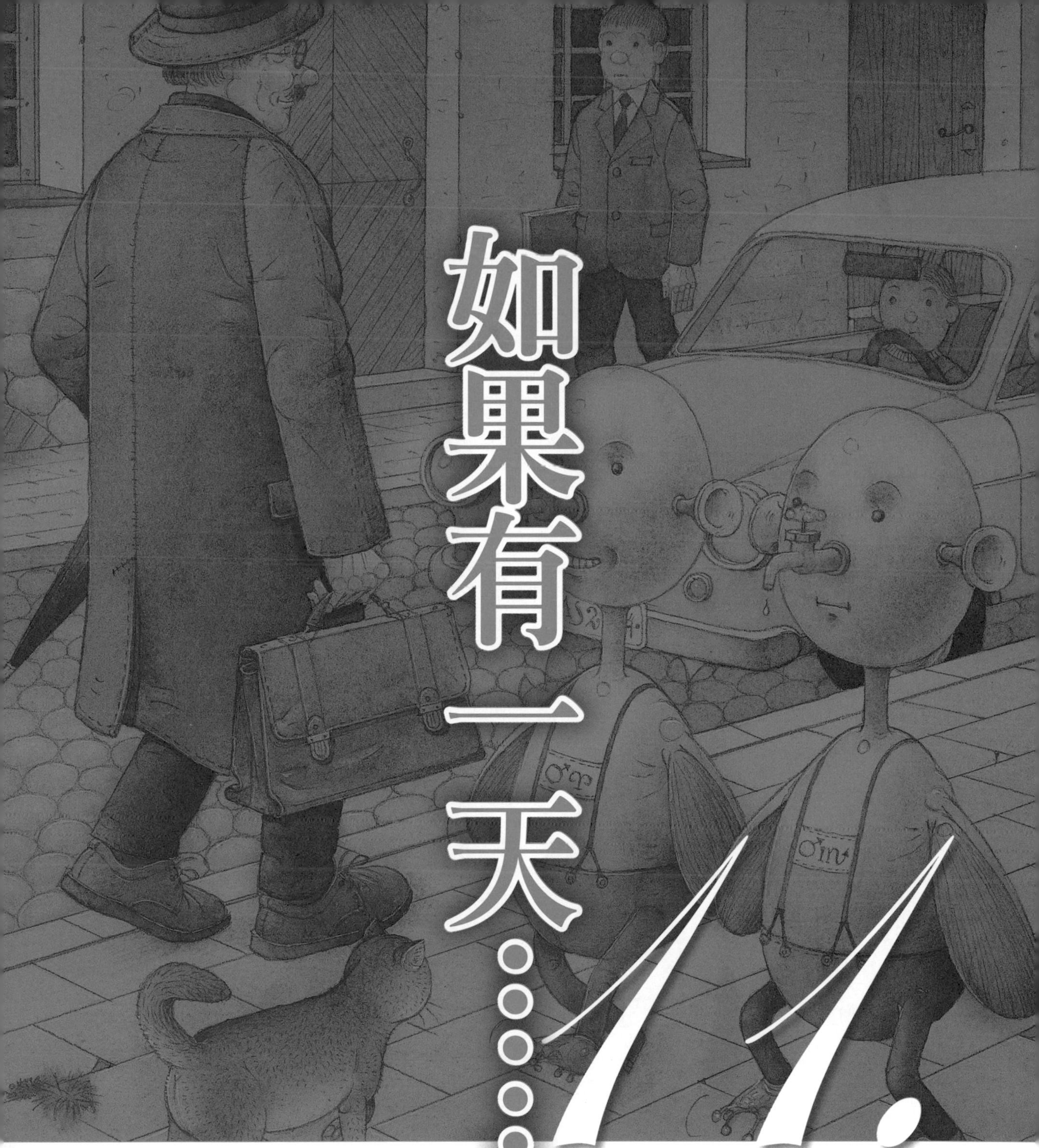

如果有一天，我們生活周遭所有一切視為理所當然會永遠存在的資源，突然都消失不見時，那會是一個甚麼樣的光景呢？比如石油、電力、自來水……這些所謂文明世界的必需品，突然都消失不見了，那麼我們的生活會受到甚麼樣的影響呢？

首先，我們來看看石油這項人類十分依賴的能源，近百年來因為它的緣故，人類的文明向前推進了一大步，原本人們使用的交通工具依靠的是人力、動物力到煤炭產生的蒸氣，但自從發現了石油，所有之前的動能幾乎都被取代了，它讓汽車成為大眾化的交通工具，也讓人們能搭乘飛機前往遙遠的地方，縮短了人與人、國家與國家之間的距離，從此我們可以在極短的時間內，在五大洋洲之間穿梭自如。在此之前，人們要越洋出國旅行或留學，搭輪船可能要耗費好幾個月的時間，而現在，不到一天的時間就可以到達目的地；在日據時代，我的外公大學讀的是台北的帝國大學，也就是現在的臺灣大學，當時寒暑假回苗栗要走三天三夜，假期結束要回學校讀書，又要走個三天三夜，好辛苦是不是？現在臺北到苗栗，走高速公路一個多小時就到了，真的是不可同日而語。

石油除了讓交通更為便捷，它也能夠發電、轉換成熱能，在比較北方的國家，如果石油供應不足，很可能會讓他們無法過冬，產生很大的危機。人類對石油的依賴真的是太重了，而人類不知節制大量的挖取石油的結果，就

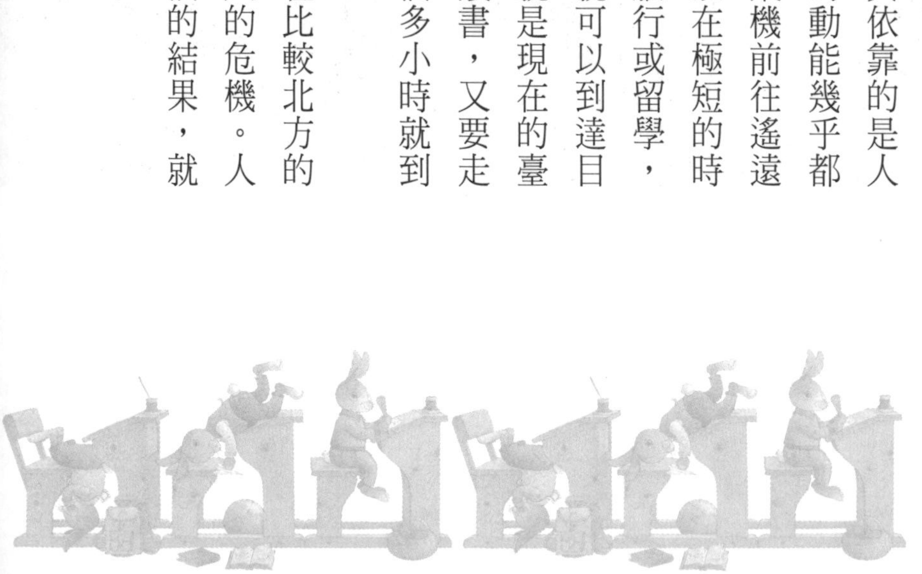

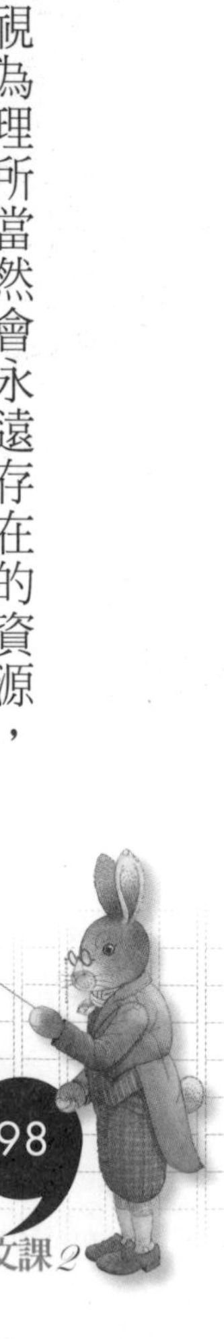

是石油產量越來越少，於是人們又將腦筋動到海裡，因為有些海域也蘊藏了石油，於是便在海上搭建鑽油井，繼續的抽取海床下的石油，等海中石油產量也漸漸減少時，人們才驚覺石油這項天然資源並不是源源不絕的，就有科學家研判，全球剩餘的石油儲藏量，大概只夠人類再使用個十幾二十年，樂觀一點的估計，也不過多延長個十年，因此大家開始恐慌，各種爭奪石油的紛爭因而出現，未來我們將會看到更多因為石油而爆發的戰爭。

如果有一天，石油真的用盡了，那會是甚麼情景呢？首先，我們就會看到到處都是報廢的汽車，沒有油可加的車子便成了廢鐵，只能停在路邊當遊民休息的小窩；而飛機呢？也許可以改裝成為新型的餐廳或民宿，不過，那也要有足夠的空間讓它停放；而失去了交通工具的

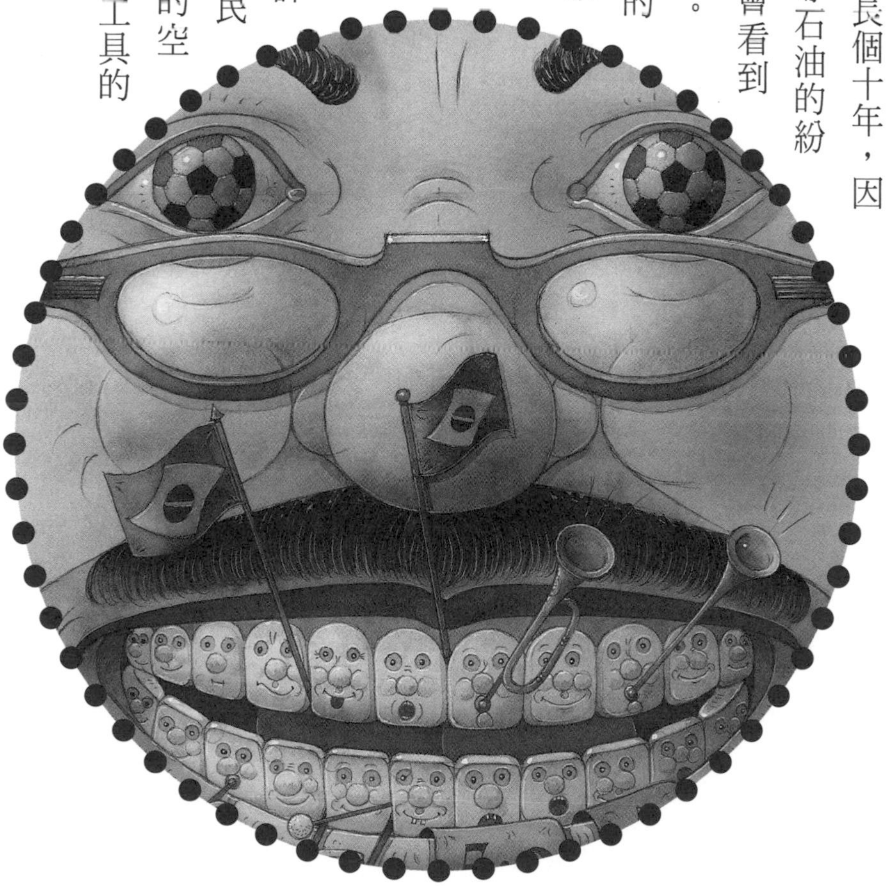

我們，又要如何解決行的問題？腳踏車一定又會重新火紅起來，直排輪、滑板車也派得上用場了，雖然行進速度變慢了，但是馬路上應該會安全許多，而且空氣汙染的問題也得到了解決，對整體環境來說，應該是只有好處沒有壞處的，所以如果有一天，石油真的消失殆盡了，對人類來說，未必是件壞事，至少我們就不必一天到晚在那兒計算二氧化碳的排放量，也不用再擔心臭氧層會越破越大洞了。

要是有一天電也沒得用，那你會如何呢？哈、哈！我相信這會讓很多人抓狂，因為這代表了電視不能看、電腦不能打了，這對朱老師來說完全沒差，因為我從來不上網，寫文章用不用電腦也無所謂，至於電視嘛！自從搬到山上以後，我就不再裝置電視，也不再看電視，你知道嗎？這讓我突然多出了許多的時間，而且心情也變好了許多，每天不必忍受一些八卦及煩人的政治新聞，看報紙、看書、看雜誌要好多了，因為想要瞭解甚麼決定權在自己，而且文字的研究更有深度，比被電視台二十四小時膚淺報導的疲勞轟炸要好多了，不過，你一定不是那麼想的，我就曾看過很多小孩在颱風天停電時，無所事事、無聊到發慌的模樣，真讓人為他難過。

當然，沒有電影響的不僅是電視、電腦，像其他的照明設備、冷氣、

電扇、電冰箱……等等也都不能用了，對過慣文明生活的你來說，可能簡直無法適應，但是，真的有那麼嚴重嗎？像朱老師小時候就曾經歷過幾乎沒有電器用品的生活，雖不至於到連電燈都沒有，但那時為了省電，照明設備都很簡陋，而且能不用就不用，夜晚能早睡就早睡，反而有益身心健康，至於沒冰箱、沒電鍋、沒空調，似乎也沒那麼不方便，記得那時每到夏天，我們都會把大西瓜放進水缸裡冰鎮，效果也不錯，而且大家吃完了晚飯，也都會在院子裡納涼，大人揮著扇子聊天，小孩則在一旁玩躲貓貓、官兵捉強盜等遊戲，那悠哉悠閒的畫面，至今仍是我童年極甜美的回憶；而位在鄉間的外公家，則是到了我很大的時候仍是用大灶燒飯，柴火煮出來的飯，味道就是不一樣，很Q很香，而且鍋底一定會有一層鍋巴，但醫生外公說鍋巴不好消化不可以吃，我只好趁著阿姨要餵雞時，在一旁搶食，有一次還被一隻隱忍了很久的火雞，騎到我背上胡亂啄了個滿頭包，唉！都怪那鍋巴太香太誘人了。所以呀！若是回歸到原始無電可用的生活，朱老師倒是能甘之如飴，但你呢？會不會覺得很不習慣？

如果是沒自來水可用，對我來說就比較可怕了，光是想到廁所無水可沖，就快瘋了，三年前，曾有一個大颱風來襲，在石門水庫上游下了大量的雨水，使得集水區的水質過於混濁，不能取水製成自來水，因此連續停水了十八天，哇！那真是一個超級恐怖的經驗，那段時間大街小巷全是載水車，家家戶戶水桶、盆子、鍋子都出籠了，大家見面的問候語不再是「吃飽了沒有？」，而是「你家有水嗎？」、「洗過澡了沒？」，接著就會聽到許多爸爸開始抱怨腰扭到了、筋拉傷了，連手臂都變長了，那時還是個大夏天，不洗澡、不洗頭絕無可能，只好站在盆子裡，小心的沖水，廢水流進盆子收集起來還可以沖馬桶用，山溝小溪旁，不時會看到有人蹲在那兒洗衣服，這光景又讓我回到小時候外公家的記憶了。

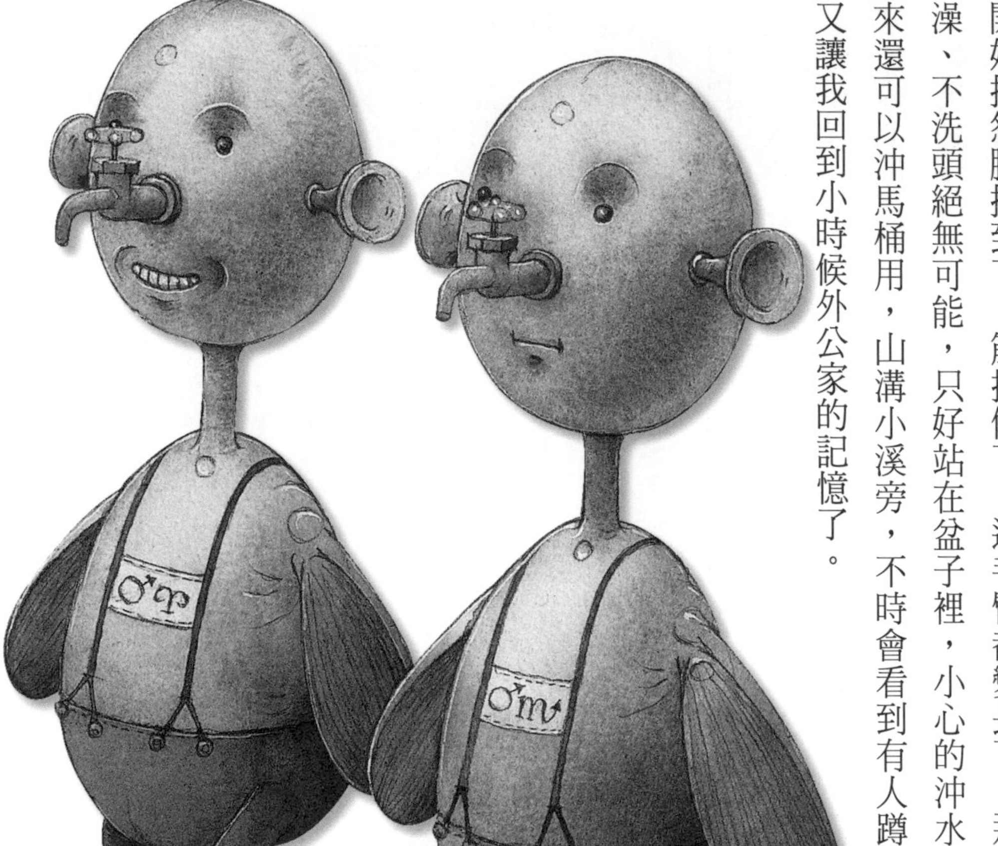

那段時間真的是熬過來的，記得後來水來了，看著黃濁的泥水從水龍頭裡流出來，簡直不敢相信，感動的都快掉下眼淚了，這又讓我想到一個好玩的笑話，說的是古早時代，幾個鄉下人進城，看到城裡有自來水可用，實在是太方便了，於是回鄉下時，就買了幾個水龍頭回家安裝在牆壁上，沒想到一滴水也流不出來，令他們百思不得其解，哈、哈！停水的那十八天，我們家的水龍頭就是這麼個狀況，只能當裝飾品觀賞。

今天朱老師會出這樣的題目，當然是要提醒大家，不要以為所有現存的天然資源都是用之不盡、取之不竭的，曾有科學家做過統計，人類近五十年來所耗費的地球資源，是過去有人類歷史以來幾千年的總和，你說可不可怕？我們這一代的人類真的不是乖小孩，如果繼續下去，地球被破壞消耗殆盡，那世界末日也就相去不遠了，所以我們真的要省思一下，如果有一天，這些資源真的都被用光的時候，那我們該怎麼辦？若事前能先研發出一種無汙染的能源，當然可以使人類的文明不至倒退太多，但更好的是能及時珍惜有限的資源，且愛護我們的環境，畢竟地球只有一個，是不是呢？

給·父·母·的·小·叮·嚀

在這世界上，有太多太多的事物都可能在一夕之間突然消失不見，比如一場天災、一場人禍，便可能奪去我們身邊的親友，以及美麗的家園。地球並不如我們所以為的恆久不變，文明世界也不如我們所想像的如此牢不可破，一個海嘯、一場地震、一個颶風、一場戰爭，隨時都可能把我們身邊所有的帶走，這不是杞人憂天，回顧這幾年，這樣的天災人禍不就一直的在上演？這也警惕了所有人類，面對我們的環境、面對我們賴以生存的地球，真的不能再任性胡為了。

「如果有一天」可接的話題當然很多，曾經因為我未設限，孩子們便自己想像了許多的狀況，比如「如果有一天電腦不見了」、「如果有一天考試不見了」、「如果有一天煩惱不見了」、「如果有一天總統不見了」……，這些題材不是不能寫，只是容我們以後再談，今天我們先把範圍鎖定在環保及保育的議題上，因為僅僅是這兩項就很值得我們花心力去探討。如果孩子的年齡偏幼，那麼父母可以做些引導，除了石油、電及自來水，在生活中還有甚麼不可或缺的事物？比如陽光、雨水、風，或者綠色的植物、所有的小動物，以及守護地球的臭氧層……等等，當這些資源、這些生命都消失不見時，我們的生活會出現甚麼樣的變化呢？期盼孩子在盡情發揮想像力的同時，也能將環保、保育的觀念深植在心底。

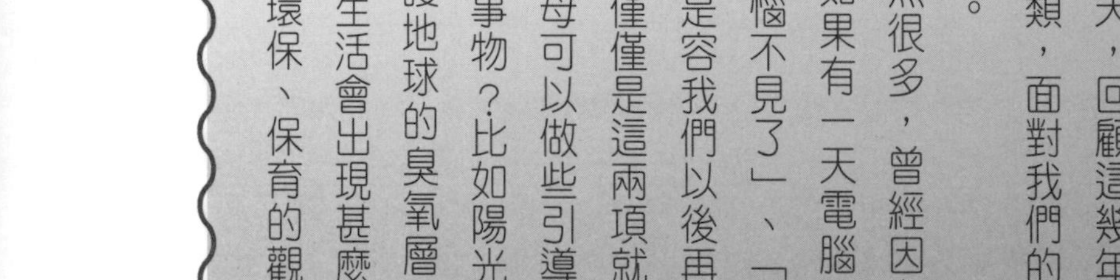

12. 我的桃花源

你知道「採菊東籬下」、「不為五斗米折腰」的陶淵明曾寫過一篇〈桃花源記〉嗎？這可是臺灣所有高中生必讀的文章，其實他是在說一個故事，這故事內容說的是：有一個漁夫，有一天在溪河裡打魚，或許是漁獲不佳，於是他便溯溪向上游划去，划行了好一段時間，突然兩岸出現了桃花林，落英繽紛美得不得了，他又繼續的往前行，終於來到了溪流的源頭，他把船停靠在一旁，繞過了瀑布，看到山壁上有一個洞口，於是，他走進那個山洞，沒想到走進去後，洞穴越來越狹窄，到最後幾乎要用鑽的才過得去，就在他打算要放棄時，卻隱隱的看到了一束光，順著光他攀爬了出去，突然眼前一亮，他來到了另外一個天地，那兒像是一個村莊，有整齊的稻田及道路，處處垂柳成蔭，遠遠的還聽得到狗吠雞鳴，再走近一些，便可看到有人家錯落、炊煙裊裊，這時，終於有

人發現了他，對他的出現當然是充滿了驚訝，忙問他從何處來，不一會兒，便越聚越多人，他們身上的衣裝都很特別，連頭髮皮膚都有些像外國人，聽他們說，在幾百年前，因為躲避戰亂才逃到這兒並且定居下來，從此就不再和外面的世界有任何的聯繫，因此這幾百年來外面發生了甚麼事他們全然不知道，所以當漁夫告訴他們外界的景況時，這些人不時發出驚歎、惋惜的聲音，好似很難想像外面世界已經變成這樣了。

他們十分的好客，爭相邀請漁夫回自己家作客，還招待他豐盛的佳餚，就這樣一家吃過一家，漁夫在這兒待了好長的時間後，終於想到也該回家了，眾人雖然不捨，但還是不敢強留他，分手時，他們特別叮囑他，千萬別把這地方告訴別人，漁夫也答應了，便循著來時路走出了洞口、坐上船划回家，他還一路做了記號，打算再帶人回來尋訪這個和平又美麗的世界，但不守信用的他卻怎麼也找不到那個世外桃源了，後來有人聽到這傳說，便也試著去找，不是沒找著，就是連人也失蹤了，最後就再也沒有人過問這傳說中的人間仙境了。

你覺得在這世界上真的有如此的世外桃源嗎？一個完全不同於我們現實生活所居住的天地？在這世界中，沒有戰爭、沒有紛爭，人與人都能和諧相處，也許在那兒並沒有高度文明的生活享受，但人們都過著簡樸、衣食無缺的生活，這是陶淵明心目中的桃花源，而你呢？你所嚮往的桃花源是甚麼模樣的呢？如果你問我，我也會想找一個與世隔絕的地方，在那兒搭建一棟小屋子，養許多沒人疼愛的小動物，旁邊有塊空地，可以種一些蔬果自給自足，附近最好還有一條溪流，就不怕沒水可用了，咦？說了半天，似乎和我現在居住的環境很像，目前我山居的小屋旁，就有一條清澈的小河，河裡有溪哥、苦花和護溪隊放養的香魚，聽說還有鱸鰻出沒，在我們地上還有一個終年不歇的湧泉，我們的用水全靠它供應，在這七百坪大的空間裡，我保留了原有的大樹，多餘的空地，則種了一些香樟、桃李、山櫻、桂花，又用金露當圍籬，石頭砌坡崁，盡量保持它自然的風貌，我養了十七隻狗、二十一隻貓，每天看到牠們快樂的在這大片的空間裡跑來竄去的，真的會讓我覺得所謂的香格里拉、桃花源也不過就是如此，朱老師真的是很幸運，在有生之年就可以置身天堂了。

　每個人心中所嚮往的人間樂土都不盡相同，大人每天為了生活忙忙碌碌的，當然會比較希望有個寧靜可以紓壓的空間，但小孩就不同了，也許喜歡的會是比較熱鬧且充滿歡樂的世界，也許它像個遊樂園一樣，裡面有各式各樣的遊樂設施，海盜船、摩天輪、雲霄飛車、旋轉木馬……應有盡有，還無限供應吃的喝的，炸雞、披薩、熱狗、牛排、果汁、可樂、汽水……一樣都不缺，而且全是免費的，那有多好呀！或者它是個奇幻王國，有些像愛麗絲的夢境，裡面有一些奇奇怪怪的東西，包括會說話又不停看時間的兔子，脾

氣暴躁的壞心皇后，還有會讓你變得忽大忽小的藥水；又或者在一次坐船出海的時候，你不小心落海而誤入了一個海底人魚世界，好心的小人魚公主救了你，並且讓你吃了一種奇怪的水草，就可以和她一樣在水中呼吸，接著帶你進入水晶皇宮，招待你在那兒

住上幾天，在那海底世界你看到了甚麼？吃到了甚麼？又經歷了甚麼？他們是不是為你舉辦了個歡迎派對？現場還有各種海底生物組成的樂團，演奏美妙的樂曲，他們端出來的美食佳餚都有些甚麼，這也很令人好奇，不過有一點可以肯定的，那就是他們的飲食習慣應該和日本人一樣，只能生食，因為海中無法生火烹煮食物呀！他們的睡床是不是也很別緻呢？是睡在硬梆梆的珊瑚礁上？還是睏在軟綿綿的海棉床上呢？在那幾天當中，你是不是也隨著人魚公主到處去探險？你有沒有去海底最深處看看呢？那兒是不是藏著像巴士一樣巨大的大王烏賊？或是見識到我們人類聞所未聞的奇異生物？總之呀！海底世界有太多我們可以想像的空間，就等著你去發揮吧！當你要離開時，人魚一族會不會很捨不得，他們會送你甚麼紀念品嗎？而你回到了陸地、回到了家，會不會嘗試著向家人好友訴說這一段奇特的經歷？在往後的日子裡，每當你來到海邊，望著那湛藍無垠的大海，是不是重新有了不一樣的感受？會不會好想再躍入海中去看看那些人魚朋友呢？

今天你可以先想像一下自己理想中的世外桃源是怎麼一個模樣，接下來再去設計自己是怎麼到達那個世界的，也許像前面所說的是因為一場溺水事件，或者像宮崎駿的《神隱少女》裡的千尋，因為穿過一條隧道而進入了一個幽冥世界，而電影《納尼亞傳奇》裡的情節，則是透過一個奇特古老的衣櫥，來到一個奇幻王國，其他像是電視也可以是一個媒介，只不過這方式會讓人聯想到鬼電影《七夜怪談》的情節，所以讓我們再回到戶外，你可以假裝自己在球場上打球，為了撿球，誤闖入校園裡的一個神秘角落，或者和家人登山時，走進一座古老的寺廟而進入了中國的武俠世界，如果你是一個金庸迷，真的可以考慮我的建議。當然，當你到達了自己理想中的國度時，就是你盡情揮灑想像力的時刻了，經過朱老師囉囉嗦嗦的提醒，你是不是早已按捺不住的想動筆寫下自己的桃花源了？快動筆吧！我也忍不住想分享你的人間天堂、香格里拉呦！

給·父·母·的·小·叮·嚀

上一堂課我們談了許多可能會令孩子有些焦慮、驚恐的話題，雖有些不忍，但畢竟這是他們有生之年必須要面對的課題，而今天這堂課，我們可以放輕鬆一些，讓孩子先擺脫掉現有環境中的紛亂與焦慮，依自己的喜好，描繪出一個屬於私己的人間天堂。

關於「桃花源」的想像，大人與小孩自然是不同的，我們一定要耐住性子別急著下指導棋，孩子想望的事物，也許大人並不能苟同，但別忘了，我們也曾有過童年，也曾貪玩幼稚過，所以別急著用自己的價值觀來審視，而以一個分享者的角度先和孩子一起進入他的天堂，也許、也許、也許，你會有意想不到的收穫呦！

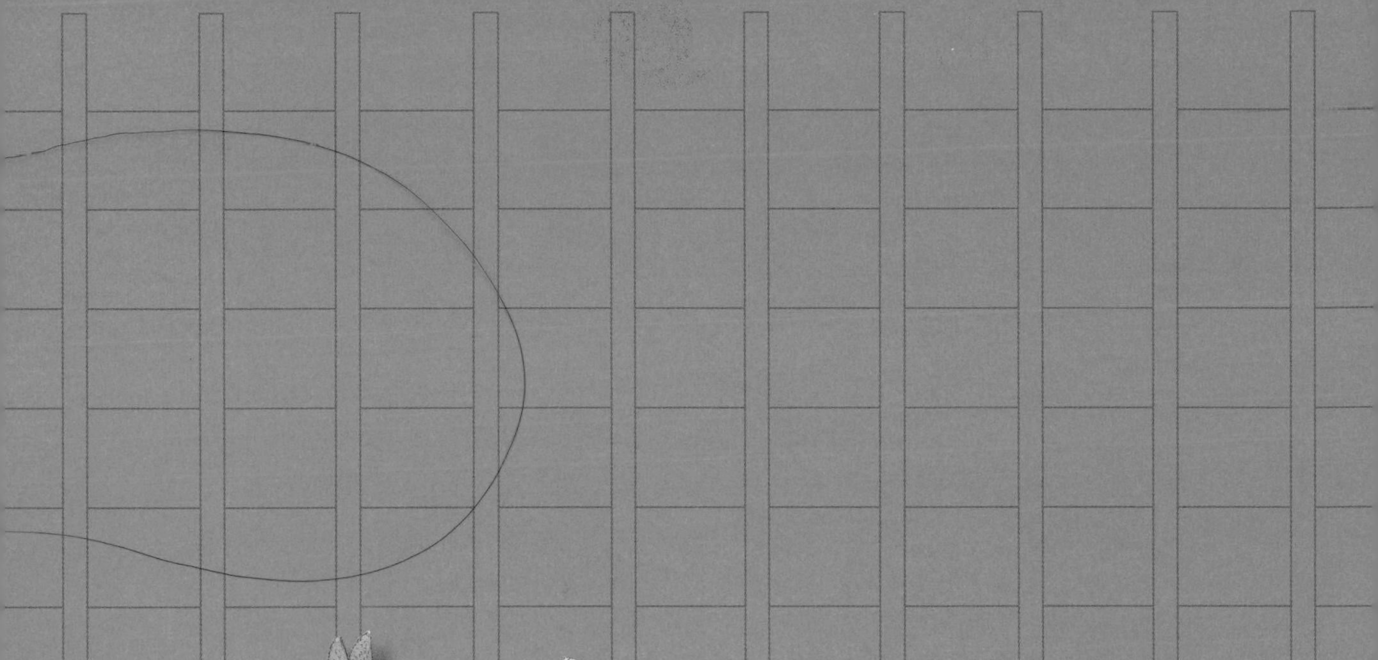

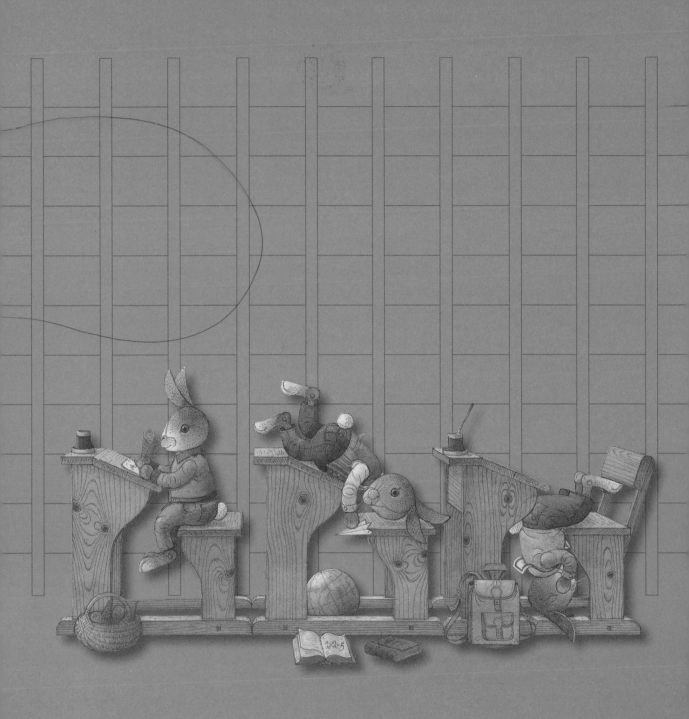

親子書房FK1003

朱天衣的作文課2

作　　者：朱天衣
整體設計：劉子瑜、深藍工作室
編輯製作：陳逸瑛、胡文瓊、劉麗真

發 行 人：涂玉雲
出　　版：臉譜出版
城邦文化事業股份有限公司
台北市信義路二段213號11樓
電　　話：886-2-23560933　傳真：886-2-23419100
發　　行：英屬蓋曼群島商家庭傳媒股份有限公司城邦分公司
台北市中山區民生東路141號2樓
客服服務專線：02-25007718；25007719
24小時傳真專線：02-25001990；25001991
服務時間：週一至週五上午09:30-12:00；下午13:30-17:00
劃撥帳號：19863813　戶名：書虫股份有限公司
讀者服務信箱：eMail：cs@cite.com.tw

香港發行所：城邦(香港)出版集團有限公司
香港灣仔軒尼詩道235號3樓
電話：(852) 25086231　傳真：(852) 25789337
eMail：hkcite@biznetvigator.com
馬新發行所：城邦(馬新)出版集團【Cite (M) Sdn. Bhd. (458372U)】
11, Jalan 30D/146, Desa Tasik, Sungai Besi,
57000 Kuala Lumpur, Malaysia
電話：(603) 90563833　傳真：(603) 90562833

初版一刷：2008年3月1日
ISBN：978-986-6739-40-8
售價：499元（盒裝兩片CD+三本書，不分售）

（圖片取自格林文化出版《書看書魚釣魚》、《飛魚吃飛魚》、《弄想成真》。繪圖：卡思特提斯）
（本書如有缺頁、破損、倒裝、請寄回更換）

國家圖書館出版品預行編目資料
朱天衣的作文課2：朱天衣著.初版----臺北市：臉譜出版：
家庭傳媒城邦分公司發行 2008.02：　公分，--

ISBN 978-986-6739-40-8（第2冊：平裝附光碟）
1.語文教學 2.作文 3.寫做法 4.小學教學

523.313　　97002376

臉譜　城邦讀書花園
www.cite.com.tw